谣言粉碎机·健康向

危言出没，身体请注意

果壳 guokr.com◎著

中国盲文出版社

图书在版编目（CIP）数据

危言出没，身体请注意：大字版/果壳著．—北京：中国盲文出版社，2019.7

ISBN 978-7-5002-8843-5

Ⅰ．①危…　Ⅱ．①果…　Ⅲ．①科学知识—普及读物　Ⅳ．①Z228

中国版本图书馆CIP数据核字（2019）第007106号

危言出没，身体请注意

著　　者：果　壳
责任编辑：李　刚
出版发行：中国盲文出版社
社　　址：北京市西城区太平街甲6号
邮政编码：100050
印　　刷：东港股份有限公司
经　　销：新华书店
开　　本：787×1092　1/16
字　　数：200千字
印　　张：21
版　　次：2019年7月第1版　2019年7月第1次印刷
书　　号：ISBN 978-7-5002-8843-5/Z·343
定　　价：49.00元
销售服务热线：（010）83190297　83190289　83190292

人人有台“粉碎机”

徐　来（果壳网主编）

“谣”，用《尔雅》中的解释：“徒歌谓之谣。”只唱歌，而无乐器伴奏。随口唱唱的，所以古人常常“谣谚”并称。后来，这种“口头文学”被用来制作预言，也就是所谓的谶谣。再后来，谣又长出了各种枝蔓，收进各种上下左右前后古今的离奇故事。随口唱唱的，变成随口说说的。谣谚成了谣言。

科技领域是谣言的重灾区。这并不难理解，正如阿瑟·克拉克所说，任何足够先进的科技，都和魔法难辨差异。既然是巫魔一路，自然也就有了被叉上火刑架的资格，使人避之唯恐不及。然而，科技这玩意在日常生活中又不是想避就能避得了的。无论愿不愿意，它已经而且会继续改变我们的生活——只不过，科学话语的专业性、奇怪的创作冲动、复古思潮的影响、由不信任引发的阴谋论以及逐利的商业动机，随时都可能给我们平淡无奇的科学生活使一个绊儿。

从这个意义上说，做科学传播就是不停地与那些科学谣言做斗争：食物相克、养生产业、食品安全、外星文化……

其时，正当果壳网草创。以唤起大众对科技的兴趣为主旨，以科技已经且必将继续改变每个人的生活为信念，我们建立了“谣言粉碎机”这个主题站，以期能以最直接的方式，介入公众最渴求、最希望得到解释的内容。

多年以来，中文互联网世界的信息洪流一直都脱不了“泥沙俱下”的评价。如何在这个局面下生产优质的、足以让读者信赖的内容，自然就成了果壳网及谣言粉碎机主题站工作的核心。

此前，在面对专业领域的疑惑时，大众媒介习惯于通过对专家的采访来梳理、解答专业问题。这个做法快捷、直接，对大众媒体来说或许是恰当的。不过，专家的答复很有可能会受到研究领域、答复准备等条件的限制，大众媒体在信源选择、内容剪裁方面也很有可能出现误差，所以，在实际操作过程中往往会出现疏漏，造成乌龙报道、瑕疵报道。“专家变成砖家”的结果，与此类报道关系密切。

◎科技话语的专业性使大众媒介和一般读者很难确切把握其中的微妙之处，再加上大众媒体在制造新闻兴奋点的时候，又常因为种种原因，有意无意地歪曲、掩盖、模糊一部分事实，造成误会。同时，由于媒体在新闻技巧上的疏漏，比如使用不当信源，对内容给予不当解读甚至误报，也会成为泛科技谣言的源头。

◎奇怪的创作冲动，说的是一种名为“钓鱼”的行为。造作者故意撰写包含伪术语、伪理论，但又符合一些人内在期许的文章，诱使后者转载、援引，起到嘲弄的效果。著名的“高铁：悄悄打开的潘多拉盒子”一文即是“钓鱼”的典范，在温州动车事故之后，它甚至被误引入公开报道。一些典型的搞笑新闻，比如《洋葱新闻》《世界新闻周刊》的内容，也曾经被媒体、网友误作真实信息引用。此外，还有一些科技媒体的愚人节报道，《新科学家》就曾遭遇此种情况。

◎复古思潮的影响表现为，人们更倾向于信任传统的观念与方法，而排斥新的或者自己不熟悉、没有听说过的方法。特别是当传统的观念和方法对实际生活并不产生恶性影响，或者成本很低时，人们尤其倾向于保守态度——各种“食物禁忌”即属此列。

◎由不信任引发的阴谋论，最典型的案例是各种灾难传闻以及与外星人、UFO 有关的流言。在此类话题面前，很多人将官方、半官方机构视为“信息隐藏者”，将科学报道者视为其同谋。在自然灾害之后，阴谋论横行的情况通常都会加剧。

◎逐利的商业动机造就泛科技谣言的案例，最著名的一个是发生在 20 世纪 80 年代。当时有谣言称，美国一家著名日化公司的圆形老人头像商标是魔鬼的标识。这个谣言给该公司造成了严重的负面影响。事后的调查发现，谣言的源头来自另一家公司的产品销售商——相关的诉讼一直到 2007 年才终于尘埃落定。

泛科技谣言的成因如此多样，所涉及的专业知识也面广量大，乍一看或许确实会让人产生目迷五色的无力感。不过，其实利用一些恰当的资源、方法，对相关信息进行简单检索、分辨，一样可以对流言的真伪略有心得，虽不中亦不远。

我们曾经如此描述“谣言粉碎机”的工作流程：果壳网的工作人员不厌其烦地将分析流言的全过程尽可能完备地记录下来，甚至让急于了解“最终结论”的读者看起来觉得有些冗长，在文章的篇末，我们也总是尽可能开列上相关的“参考文献”。这么做的原因只有一个——为不了解探索过程的读者提供一种线索，使之逐渐熟悉自行探索的工具和方法，最终实现人人有台“谣言粉碎机”的愿景。

道路看起来很漫长，但幸好它就在脚下。

谣言粉碎机工作人员名录

陈旻、李飘、宫珏、耿志涛、袁新婷、谢默超、龚迪阳、支倩、曹醒春

目　录

第一章　面子问题

第二章 和你的里子好好谈一谈

第三章 外面的世界没那么无奈

第一章

面子问题

含氟牙膏致癌吗?

全春天

流言：含氟牙膏会致癌，某个牌子的含氟牙膏狂打折也卖不出去，含氟量高的水质会造成牙齿发黄……

真相

“含氟牙膏致癌”的说法可能是对“氟化物致癌”的误解和以讹传讹。

2008年，《南方周末》转载了《科学美国人》（*Scientific American*）上的一篇文章，并以“危险的含氟牙膏”为题[1]。但这篇文章并不是在讲含氟牙膏的危害，而是在讨论氟化物摄入过量的问题，这与美国不少地方的饮用水中添加氟的背景有关。其中，氟摄入过量引发“神经疾病、内分泌疾病甚至癌症”的内容是存在争议的，但此后的传播，只字不提过量，以讹传讹的变成了“含氟牙膏致癌”。

2011年10月，美国加州致癌物鉴定委员会公布了一份题为“氟化物及其盐类致癌性的证据”的文件，该文件对目前关于氟化物及其盐类致癌性研究的论文进行分析，认为不能得出氟化物致癌的结论[2]。该委员会最终也没有将氟化物加入致癌物名单[3]。

其实，早在1977年就有人提出肿瘤死亡率与饮水中的氟化物有关，世界卫生组织对此给予极大关注；此后各国进行了大量流行病学研究，多数结果表明癌症与饮水中的氟化物之间无内在联系；中国关于饮水中的氟含量与癌症发病率或死亡率的关系也有许多报道，也未发现存在相关性；动物实验的研究也尚未能提供有力证据说明氟与肿瘤发生的关系[4]。

因此，至今仍没有确凿的证据表明氟化物可以致癌，“含氟牙膏致癌”的说法则纯属争议性问题的以讹传讹。

牙膏为何要含氟？

当然是为了防蛀牙呗！

龋病是牙体硬组织脱矿与再矿化动态平衡被打破的结果。脱矿，就是牙齿中的矿物质溶解、流失；而再矿化，就是溶解的矿物盐重新在牙齿上沉积。氟化物可使再矿化作用大于脱矿作用，阻止龋病的发展。

刷牙时，含氟牙膏中的氟释放出来，与膏体中的钙磷等矿物盐形成含氟矿化系统[5]，一方面氟离子可以替换牙齿组织矿物盐中的羟基，形成含氟矿物盐，增强牙齿抗龋能力；另一方面氟化物可以促进牙齿表面矿物质的沉积，使早期龋齿再矿化，修复牙釉质。由于牙齿在整个龋坏过程中都会发生脱矿，因此推荐多次、局部使用氟化物。而在牙膏中添加氟化物，可以很好地满足局部、多次使用的条件，是有效维持口腔内适宜氟浓度的首选。

目前，市面上大多数牙膏都含氟化物，而且所有美国牙医学会认可的牙膏都含有氟化物[6]。《中国居民口腔健康指南》也认为使用含氟牙膏刷牙是安全、有效的防龋措施，提倡使用含氟牙膏预防龋病，特别适合于有患龋倾向的儿童和老年人使用。

含氟牙膏，安全有效

就如同盐吃多了也会中毒一样，任何物质都可能因为过量摄入引起中毒，含氟牙膏也不例外。但是，如果正常使用，含氟牙膏是安全的。

一个体重为 60 千克的成人，建议的每日氟摄入量应低于 4.2 毫克[5]。成人牙膏的氟浓度一般为 1000～1500 毫克/千克[5]，如果使用 1 克的含氟牙膏（约 1 厘米长的膏体），每天刷牙 2 次，氟总量只为 2～3 毫克。刷牙后吐掉牙膏浆，已经吐掉了大部分的氟，剩下吞咽到体内的氟只是很少的一部分，不会对人体产生伤害。

对于儿童，特别是 6 岁以下的儿童，由于吞咽反射比较差，容易在刷牙时吞入牙膏，要注意防止氟摄入过量。一方面，儿童应该使用含氟量更少的儿童牙膏（含氟浓度一般为 250～500 毫克/千克[5]），并且不要超过每天 2 次，每次的用量也不要超过一颗豌豆的大小；另一方面，家长要监督孩子刷牙，鼓励他们吐出牙膏，不要吞咽。偶尔发生的吞入不用过于担心，因为即使是使用含氟 1500 毫克/千克的牙膏，1 岁儿童也要一次服下 33 克才会达到可能中毒量[4]。美国疾病控制与预防中心也建议，在幼儿满 2 岁后，才开始使用含氟牙膏[7]。

含氟牙膏，并非人人适用

《中国居民口腔健康指南》提出，氟化物的推广应用适合于在低氟地区、适氟地区以及在龋病高发地区的高危人群中进行。但高氟地区人群是不适合使用含氟牙膏的。

在中国的某些区域，例如潮汕地区、山西多煤矿的地区，地下水本身含有较高的氟，当地居民饮用这些未经降氟处理的水，长期过量摄入氟，造成慢性中毒。轻度中毒会引起氟斑牙，极少数重度中毒的人会导致氟骨症。氟斑牙患者的牙面会出现白垩色斑点，甚至点状凹坑，由于牙本质暴露和着色而变成黄褐色。流言提到的“含氟量高的水质会造成牙齿发黄”，其实就是说摄入过量的氟会引起氟斑牙。这些地区的人不应该再使用含氟牙膏。由于中国高氟地区分布非常散落，在此就不一一详述，读者可以向当地的牙医或者疾病防治中心了解当地的氟水平。

说句题外话，如今已经有相关措施降低高氟地区居民饮水的氟浓度，高氟区人群氟斑牙的发生率已有所下降。

结论：流言粉碎。含氟牙膏不致癌。“含氟量高的水质会造成牙齿发黄”其实说的是长期摄入过量的氟引起的氟斑牙。含氟牙膏防龋功不可没，正常使用安全无害，不过在高氟饮水区不应该使用含氟牙膏。

参考资料：

[1]Dan Fagin. Second Thoughts on Fluoride. Scientific American，2008.
[2]David W Morry. Evidence on the Carcinogenicity of Fluoride and Its Salts. Carcinogen Identification Committee，2011.
[3]ADA news：Fluoride Stays off California's Proposition 65 Carcinogen list.
[4]郭媛珠，凌均棨，陈成章. 氟与口腔医学. 科学技术文献出版社，2000.
[5]蔡越，冯希平. 含氟牙膏再矿化作用的影响因素. 广东牙病防治，2011.
[6]ADA. Toothpaste.
[7]CDC. Community Water Fluoridation：Questions and Answers.

警惕美白牙齿“小妙招”

dodo 兔

流言：【教你 6 招快速美白牙齿】

①食醋含在嘴里 1 到 3 分钟后吐掉，刷牙；②橘子皮晒干，磨成粉，和牙膏共用；③刷牙时往牙刷上放点酵母粉；④刷完牙后，蘸柠檬汁擦每一颗牙齿；⑤生花生嚼碎，当牙膏用；⑥墨斗鱼的骨头碾碎放在牙刷上当牙膏使用。

真相

相信很多人都为牙齿不够白烦恼过。而上述流言描述的这类“小妙招”恰恰迎合了大家的需要，简单易行，指不定还很有效呐。但，这些方法是不是有效，是不是安全，需要在实践之前了解清楚。看似普通的方法其实可能暗藏凶险。

含食醋？当心整成酸蚀症

含食醋以后再刷牙的做法是非常错误和危险的。幼儿园的小朋友都做过这样的实验：把鸡蛋放在食醋里一晚上，第二天早上就会发现鸡蛋壳变软溶化了。食醋对牙齿也如此，里面的醋酸能使牙齿表层溶解，如果接着再刷牙，牙齿表层的牙釉质就会被去除。虽然牙齿的确能看起来白一些，但是付出的代价就是牙齿越来越薄越来越小。而且这种牙齿的表面在显微镜下看是极其不规则的，很容易沉积其他的色素。也就是说，使用这种方法的几天内，您的牙齿可能会看上去白一些，但是从长时间来看，反而更容易变黄变黑。医学上有种酸蚀症，就是因为胃酸返流到口腔，造成牙齿酸蚀，有机会去瞧瞧他们的牙齿，会对这种做法造成的严重后果有更直观的感受。

至于用柠檬汁擦牙齿的做法也是一样，柠檬汁里的柠檬酸是一种有机酸，同样会腐蚀牙齿表面，损坏牙釉质。

我们不但不应该用食醋和柠檬汁来美白牙齿，在平时吃过酸性的食物和饮料，比如酸味蜜饯、话梅、果汁、碳酸饮料如可乐以后，也应该立即用水漱口，减少酸性物质在牙齿上的附着。切记：不可立即刷牙。因为此时牙齿在酸的作用下硬度大大下降，马上刷牙很容易造成牙釉质磨损，从而引起牙敏感、牙缺损。正确的做法是，最好在吃喝之后过大约半小时再刷牙。

摩擦美白？其实你一直都在这么做

干橘子皮粉、酵母粉、花生碎、墨斗鱼的骨头粉……这些不辞辛劳的努力其实你一直都在做。一日三餐不管吃什么，咀嚼食物的同时就使得食物不断地摩擦牙齿，起到一定程度的洁净作用。当然那些容易粘在牙齿上的食物或是容易导致蛀牙的糖果不在此列。如果某人牙齿存在天生倾斜，或者习惯只用一侧牙齿咀嚼，往往可以发现他闲置的牙齿表面不如正常使用的牙齿洁净，就是因为没有食物摩擦的后果。此外，牙膏的主要成分也是摩擦剂，只是这些颗粒比食物碎屑更细小，因此能清洁到更细小的牙齿间隙。牙膏中的摩擦剂都是经过大量临床实验证实，不仅不会损伤牙釉质，而且能增加牙齿的光亮度，是比较安全有效的洁齿方法。需要强调的是，通过摩擦来美白牙齿，对于牙齿表面的浅着色有一定效果，但对牙齿本身的色泽改变是无能为力的。

我们的口号是：美白牙齿要科学

牙齿的着色主要分为外源性着色和内源性着色。根据着色的不同以及严重程度，专业牙科医生会采用不同的方法来处理。

抛光：外源性着色包括茶垢、烟渍、牙石等。这些都可以到医院洁牙和抛光去除，从而还原牙齿本身的颜色。通常的食物摩擦和刷牙只能清除浅表的细菌和附着不牢固的着色，所以每年一次专业的洁牙和抛光帮助清理日常清洁忽视的部位还是很有必要的。

漂白：内源性着色的原因可能出于年龄增长、四环素沉积、氟斑牙等，主要是牙本质或牙釉质颜色改变造成的，需要通过化学漂白来去除。化学漂白剂能够渗透牙釉质和牙本质，氧化牙齿内部沉积的色素颗粒，将其转化为无色的物质。医院内还有些专门的仪器，例如冷光、激光等，都能辅助漂白剂发挥作用，使之更快速集中地破坏色素分子，达到美白目的。

修复（遮盖）：对于严重四环素着色或者氟斑牙患者，则需要借助专业贴面或者烤瓷牙冠来完成。贴面是将变色牙齿的一个面磨除（一般是前牙的外侧面），再在上面粘贴一层树脂或全瓷的薄片，遮盖变色区域，形成自然又洁白的牙齿表层。而对于严重变色伴有缺损的牙齿，因为需要遮盖的区域更大，就必须用整个人工牙冠完全罩住原来的牙齿。

牙齿美白产品有效吗？

目前，超市内的美白牙贴和美白凝胶，以及号称有美白牙齿作用的牙膏，都是含有化学漂白剂成分的产品，对内源性着色有一定的作用，但也有其局限性。第一，各个品牌的牙美白产品质量参差不齐，在选择时最好选择有品质保证的品牌。第二，每个人都存在体质差异，牙齿也一样。有的人可能使用了牙美白产品后，牙齿颜色仍然没有明显变化的情况。第三，使用牙美白产品可能有不良反应，比如牙齿酸痛敏感等。遇到这类问题，最好还是咨询专业医生。

结论：民间的偏方是无穷无尽的，但这些看上去简单的做法效果其实并不好，有的甚至会对牙齿健康带来大危害，盲目尝试风险很大。想有效美白牙齿又减少伤害，最安全的方法还是找专业医生咨询。

洗护二合一，头发没纠结

桃之

流言：“洗发时，洗发水把毛鳞片彻底打开，便于洗去污垢、彻底清洁发丝；而护发素则在清洁后关闭、收紧毛鳞片，防止头发受损。”

真相

上面这段话看似有道理，其实很值得推敲，如果这样的话，二合一的洗发水又叫你毛鳞片打开，又叫你毛鳞片收拢，头发还不得在纠结无奈中疯掉啊！

头发的美感，很大程度上依赖于毛鳞片的健康程度。什么是毛鳞片？这得从头发的结构说起。

毛鳞片不是你想关就能关的

头发的最外层是毛小皮，也就是通常所说的“毛鳞片”。这是 7～10 层已死亡细胞[1]，如鱼鳞般覆盖在头发表面。健康的毛小皮完整、服帖，因此头发表面很平滑。照射到头发上的光线中，许多光束发生了镜面反射，使秀发看起来“光泽亮丽”。而如果毛小皮翘起、破损甚至缺失，那么粗糙的表面将光线漫反射出去，头发自然就没有光泽了。

毛小皮之下是头发的真正主体，毛皮质。它占到头发总重量的90%以上，主要由角蛋白组成[2]。头发的颜色、曲直等各种秘密都藏在毛皮质里。头发中央则是毛髓质，它对头发特性的影响就很小了[3]。

了解了头发的结构，就不难明白，为什么文章开头的流言会如此重视毛小皮了。问题是，流言中说的“毛小皮会被洗发水打开又被护发素关上”，究竟是否正确呢？

果壳网编辑在第22届世界皮肤科大会（WCD）上，采访到了美国加利福尼亚大学旧金山分校的生化免疫学博士卡索农（Jasmine Karsono）和美国辛辛那提大学分析化学博士托马斯（Jeni Thomas）。两位专家都反复强调说，毛小皮并不像电灯的开关，不是说开就开、说关就关的。毛小皮如果受损翘起，很难回复初生时的健康闭合状态。

洗发对头发的伤害并不是由洗发剂、水或温度使毛小皮张开而造成的。毛皮质的主要成分是角蛋白。它们爱吸水，易膨胀[2][4][5]。洗发时，发丝膨胀，变大变软，平时附着在毛小皮上起润滑保护作用的油脂也都被洗去了，当它们被揉来搓去时，发丝间的摩擦增大，毛小皮就容易张开、翘起、继而受损。另外，染发、烫发时使用的强氧化剂、高温等，也会让毛小皮产生严重的张开、翘起。

而洗发水中添加的护发成分，并不能使毛小皮闭合，也就不会引起毛小皮“纠结无奈”乃至“疯掉”了。

我永远保护你，从此不必再流浪找寻

护发素既然并不提供让毛小皮闭合的外力，那它到底会起什么作用呢？它首先填补在毛小皮张开的空隙处，进而在整个头发表面形成一层润滑层，减少发丝之间的摩擦，让它们不要相互伤害。就好像给发丝打蜡一样。无论是风吹日晒、梳理吹干、烫发染色……哪种原因引起的毛小皮张开受损，护发素都能提供这样的润滑、保护作用，是名副其实的“万金油”。

如果你既用过二合一洗发水，也单独使用过护发素，那么对护发素的作用一定体会得更深——单独使用护发素为头发带来的顺滑效果更明显。这与不同洗护产品中的护发成分配方及含量有关。当然，二合一洗发水也有自己的优势：它在洗发过程中，可以在一开始就给头发涂上保护层，其中的护发素成分往往还包含某些控制发丝膨胀的化合物，可以减小摩擦。事实上，目前市面上即便是未标明“二合一”的洗发水中也都添加了如鲸蜡醇、硬脂醇等起润滑、保护作用的成分，已经几乎不存在绝对意义上的单一洗发水。当然了，如果你能在使用洗护二合一洗发水后再追加使用普通护发素，保护效果会更好。

虽然头发“不怕洗”，但千万不要觉得毛小皮就是铜墙铁壁了。头发也有“年龄”。平均而言，健康的头发每月生长 1 厘米左右。以 60 厘米的头发来算，如果说发根部是新生的婴儿，发梢部可就 5 岁“高龄”了。在这 5 年中，风吹日晒、梳洗吹干，更何况又染又烫。想永葆青春的美女们，也一定要注意留住发梢的年华啊！

结论：洗发时，洗发水并不能打开毛鳞片。但发丝遇水膨胀，摩擦增大，使毛鳞片更易受损。护发素的原理是覆盖在发丝上，起润滑、保护作用。因此，二合一的洗发水并不会导致毛鳞片错乱，反而能保护头发。但从市面现有产品的配方来看，二合一洗发水再加护发素的组合是最保险的。

参考资料：

[1]Leszek J Wolfram，Martin K O Lindemann. Some Observations on the Hair Cuticle，J Soc Cosmet Chem，1971.

[2]Clarence R Robbins. Chemical and Physical Behavior of Human Hair，2002.

[3]Rira C C，Wanger Pedro K，Kiyohara Marina Silveira Ines Joekes. Electron Microscopic Observations of Human Hair Medulla. Journal of Microscopy，2007.

[4]盛友渔，杨勤萍，石建高，等. 汉族青年头发物理化学特性的初步研究. 中国临床医学，2008.

[5]Powers D H，Barnett G J. A Study of Swelling of Hair in Thioglycolate Solutions and Its Reswelling. J Soc Cosmet Chem，1953.

小苏打不能清除小黑头

firsilence

流言：“5 分钱＋10 分钟＝黑头清光光！不破坏真皮层，不伤毛孔，不扩张毛孔！男女均可用哦。”

这么有煽动力的不是广告词，而是网上广为流传的用小苏打去黑头的土办法。按流言说，只需要少量小苏打粉末按照大约 1∶10 的比例溶于水，用化妆棉或者棉球沾湿敷在鼻子上，10 分钟，黑头就都浮出来了。500 克一袋的小苏打售价才 4 元，至少能用 100 次，每次成本才 4 分钱，比较各种鼻贴导出液什么的经济多了。

真相

大家都讨厌黑头，到底什么是黑头呢？其实黑头是一种开放性粉刺，是因为皮脂腺分泌了太多的皮脂，结果积聚在导管里，堵塞变硬，然后在空气中氧化变黑形成的。如果你是皮肤头发爱出油的人，也许觉得皮脂很讨厌，但其实它有滋润皮肤、防止皮肤水分蒸发的作用。皮脂呈弱酸性，还可以抑制和杀灭皮肤表面的细菌，所以实在是不能缺少的。

小苏打的成分是碳酸氢钠，常用作食品的膨松剂成分，水溶液呈弱碱性，它溶于水后同膨松剂中的弱酸反应会产生二氧化碳，我们吃的馒头饼干蛋糕等食品充满小气泡，变得松脆或者绵软，都有它的功劳。它怎么就和黑头扯上关系了呢？

小苏打无法去黑头

网上对于小苏打去黑头的解释中，有一条是“黑头本身呈酸性。小苏打是碱性的，酸碱中和以后，黑头溶解，于是一搓就出来了，而且对皮肤没有任何不好的影响。”里头提到的酸碱中和看似有理，但仔细想想，并不那么简单。由于油和水不相容，黑头与小苏打溶液之间可能得接触个几天才能发生充分的中和——没等黑头除掉，先把皮肤烧坏了。

网上还有另外一个解释，好像更为专业：“小苏打溶于水后呈弱碱性。在碱性条件下，油脂会发生皂化反应，生成甘油和脂肪酸盐，甘油和脂肪酸盐的水溶性都比较好。黑头的主要成分应该是体内分泌的油脂，用小苏打水溶液在鼻头敷个十几分钟，会发生以上的反应，产生的物质溶于水，所以能达到去黑头的效果。”在碱的催化下，油脂确实会水解产生甘油和脂肪酸盐，这个过程是生产肥皂的一个步骤，因此叫做皂化反应。但是我们要注意，这个皂化反应是比较慢的，它的速度跟碱性强度、反应温度关系很大。工业生产中通常要用比较强烈的条件，比如氢氧化钠这样的强碱，加热沸腾 3 个半小时左右，才能反应完全。如果是室温，在小苏打这样的弱碱性条件下，就算能反应，等反应完成也要等到天荒地老你的鼻子都不见得还在的时候，绝对不是“敷个十几分钟”就会发生。

另外“碱能去污”也是常听到的一个生活常识。实际操作中，工业上有时候为避免泡沫而用碱液清洗油污，这是综合了皂化、润湿、乳化、分散等一系列作用，采用的碱液是40%～80%的氢氧化钠和一定量的碳酸钠、磷酸钠的混合物，碱性很强，而且一般要在70度以上加压喷射，清洗才能效率较高地完成。而家庭中可以用来去污的碱面（也叫纯碱、食用碱、苏打），成分是碳酸钠，其碱性是强于小苏打的，水溶液的pH值可以达到11以上。即使如此，纯碱的去污能力还是很难与常用洗涤剂相比，如果你用它洗过油腻的碗就知道了。总之，要有好的去污（也就是溶解油脂）效果，就要用比较强的碱，在比较高的温度下，进行比较剧烈的机械作用（摩擦或者冲洗）。这些手段放到脸上，听着不太靠谱吧？

小苏打多用易伤肤

至于用小苏打水溶液敷鼻子是不是像网上说的一样毫无副作用，我们来看看它溶于水后都会发生些什么。首先小苏打或者说碳酸氢钠，室温25℃下的溶解度是96克/升[1]。在水中碳酸氢钠会发生下面的平衡反应：

当反应开始，溶液会略带碱性，饱和碳酸氢钠pH值为

8.31（pH 值 0～7 是酸性，7～14 是碱性）。健康皮肤的 pH 值大约在 5.0～5.6 之间，因为皮肤的分泌物形成的微酸环境不利于细菌生存，对人体有保护作用。记得很多洁面产品都拼命宣传自己“弱酸性，温和不伤皮肤”吧，用碱性的溶液敷在皮肤上破坏了皮肤的天然屏障，使皮肤更容易失水干燥，一些皮肤敏感的人还容易刺痛红肿。过去用肥皂洗脸，久之皮肤容易粗糙干燥，就是因为肥皂的碱性。如果每周都用小苏打水敷鼻子一两次，黑头越来越少是不太可能，倒是很可能皮肤变得越来越粗糙敏感。

黑头：想说再见不容易

皮脂腺开口于毛孔，如果分泌的皮脂都能够顺利排出，就不会产生黑头了。所以与其劳心劳力地去黑头，倒不如加强清洁，去角质，防止毛孔堵塞，避免黑头的产生。

因此，一些可以有效软化角质，促进角质剥落的成分，比如水杨酸（又称 BHA，Salicylic Acid）会有比较好的去黑头效果。插一句，常用的去角质成分包括果酸（又称 AHA，α-羟基酸）和水杨酸，它们都作用在皮肤表面，帮助角质和死皮脱落，理论上，合理浓度下使用是不会伤害健康皮肤细胞的，并且需要连续使用才能维持效果。区别在于，果酸是水溶性的，水杨酸是油溶性的，因此水杨酸能够帮助疏通毛孔中的堵塞，而果酸更适用于除去因为日晒、干燥等在表面堆积的死皮。要注意水杨酸适合作用的 pH 值在 3～

4，偏酸性，一些皮肤敏感的人也许不适合使用。

如果有很难溶解的顽固黑头，必须要挑出来的话，首先要通过热敷或者熏蒸使毛孔尽量打开；粉刺针一类的用品要注意消毒，最好用酒精擦擦；挑出黑头之后可以用一些消炎、镇定的手段（比如冰敷一下）帮助收缩毛孔，然后就该让皮肤好好休息一下了。

结论：谣言破解。小苏打溶液作为一种弱碱溶液，不能通过酸碱中和或皂化反应来溶解黑头，而且其碱性对于皮肤有刺激作用。要想去除黑头，一些含水杨酸的产品是比较有效的，或者在注意卫生的情况下将黑头挑出来，但要注意，这些都会在一定程度上刺激皮肤。平时作息规律，保持合适温度湿度，都有助于调整皮脂腺的分泌状况，算是对黑头“预防胜于治疗”的手段吧。

参考资料：

[1]Wikipedia. Sodium bicarbonate.

甲硝唑片，治痘又可去黑头？

lalunasun

流言：“遇到凶器了!!! 就今天，我去看了中医蜀黍，蜀黍开了一瓶两块八的甲硝唑片就叫我回家拿凉白开溶开了敷脸上两小时，说能让痘痘尽快化脓结痂。我就照做敷了两小时顺便洗了澡，出来一看，啊啊啊啊！鼻子和下巴上的黑头白头全都出来了，拿指甲刮就全干净了！我现在整个鼻子都干干净净了。我真想去抱着那个蜀黍亲一口啊!”

真相

当日发出之后，这条微博火速蹿红，一天内就被转发两万多次。它的受欢迎很容易理解：一瓶甲硝唑药片只要几块钱，治疗成本极低，方便又新奇，迎合了众多痘痘受害者的心理。不过，这方法真的可靠吗？

湿敷不是好法子

从本质上讲，黑头与白头都是积存在毛囊中没有排出到皮肤表面的油脂。如果这油脂粒表面还覆盖着一层角质，它就是白头；如果它没有被角质覆盖，直接接触了空气，那八成油脂将被氧化成黑色，成为黑头。刚分泌的皮脂在常温下是液态的，而无法排出的皮脂往往因为被氧化而熔点升高，也就是会固化为嵌在毛孔中一粒粒硬硬的东西，用手就能摸得到。它们没有被痤疮丙酸杆菌（青春痘诱因之一）所侵袭而发生感染，因此不会发红。

依病情轻重不同，痤疮可分为多个不同阶段。感染形成的丘疹、脓疱乃至结节，通常被称为“青春痘”[1]。

我们先看看原作者在清理黑头前做了哪些工作：准备甲硝唑溶液，湿敷两小时，洗澡。在湿敷与洗澡过程中，都会使角质层含水量提高，同时皮肤温度升高。皮肤温度升高带来最直接的效应就是，那些固化而卡在毛孔中的油脂粒会融化成液态，顺毛囊开口排出到皮肤表面。即使没有完全融化，它也不再牢牢卡住，很容易在外力作用下被清理出来。角质层含水量高，时间一长就会松解，通俗讲就是“皮被泡软了”。它与黑头或白头之间结合不紧，同样有利于外力清理。至于这外力，可以是指甲刮，可以是粉刺针，也可以是鼻贴鼻膜。不论孰优孰劣，道理是一样的。

而甲硝唑是一种针对厌氧型微生物的抗生素（例如它被用于治疗肠道和肠外阿米巴病、阴道滴虫病、小袋虫病和皮肤利什曼病、麦地那龙线虫感染等），对与感染无关的黑头或白头没有用。也就是说，流言微博中那种“鼻子和下巴上的黑头白头全都出来了，拿指甲刮就全干净了”的效果，只与湿敷和洗澡有关，与甲硝唑毫无关系。

不管是为了什么目的，湿敷都是不推荐的做法。长时间含水过多，会使角质层受损，皮肤屏障功能下降，引发更多皮肤问题。

甲硝唑能行吗？

青春痘，其实是痤疮的一种。依病情轻重不同，痤疮可分为多个不同阶段。黑头与白头被称为“粉刺”，细菌感染引起的丘疹、脓疱乃至结节，通常被称为“青春痘”。

导致青春痘的三大因素分别为：皮脂分泌过度、毛囊漏斗部角质粘连、痤疮杆菌繁殖。过厚的角质层覆盖了毛囊开口，导致皮脂不能顺畅排出，成为了痤疮杆菌的养料。痤疮杆菌将皮脂分解为游离脂肪酸，后者会刺激毛囊，产生发炎症状。控制住这三个要素中的任意一个或几个，痤疮情况都可以得到改善。

正常毛囊漏斗部清晰可见，漏斗部角质粘连将引发微粉刺，进而产生肉眼可见的粉刺与青春痘[1]。

作为一种针对厌氧型细菌的抗生素，甲硝唑理论上可以抑制痤疮杆菌的繁殖，减少游离脂肪酸，所以外用甲硝唑治痤疮，看起来是行得通的。但实际上，出于种种原因，医生几乎不会让患者这样用药。医生首选非抗生素外用，如果无效或难以耐受其副作用时，再以外用或口服抗生素，如红霉素、四环素。

但同时，问题也出在抗生素上。长期使用某种抗生素，必然会使细菌对其耐药。作为一种多年来使用范围极其广泛的抗生素，甲硝唑注射液的药品说明书上，已经注明了“丙酸杆菌属对本品耐药”，要想治疗痤疮丙酸杆菌引发的青春痘，它可能会让你失望。

因此，不建议用甲硝唑来治疗青春痘。我们有更好的方法。

痘痘怎么治？

痤疮的治疗可是皮肤第一难题之一。到底是用化妆品还是寻求医生的药物治疗，还是要根据自身情况决定。

来复习一下知识要点：

青春痘成因：皮脂分泌过度、毛囊漏斗部角质粘连、痤疮杆菌繁殖。

白头粉刺：堵塞在毛囊中的油脂，上面有角质层覆盖。

黑头粉刺：堵塞在毛囊中的油脂，上面无角质层覆盖。

可以看到，解决痤疮问题，大要点就是控制皮脂量。以温和的产品清洁皮肤，不要选择香皂、硫黄皂甚至是肥皂，避免不必要的刺激与引发毛孔堵塞的皂垢。适当选择含有控油成分的爽肤水等，避开含有油脂的乳液和面霜，更不用提那些本身就有可能导致粉刺的产品了。外用或内服维 A 酸及其衍生物（如他扎罗汀、达芙文、异维 A 酸等），可以控制油脂分泌，但请一定在医生指导下使用它们。

角质层过厚的问题也需要解决。许多医生推荐含有低浓度果酸或水杨酸成分的化妆品，以及含有壬二酸的护肤品。磨砂膏的大力摩擦则要避免，用与不用不仅没有明显区别，反而可能刺激皮肤而使情况更糟。如果求助于医生，还可以用高浓度的酸进行换肤。维A酸类可以将紊乱的角质层代谢调整至正常状况。

经过这两步，白头与黑头的粉刺可以好转。那些仍然发红的痘痘，则需要消炎了。

想控制痤疮杆菌的繁殖，可以选择非处方药过氧化苯甲酰，从较低浓度开始尝试。它能产生高浓度自由基，杀灭厌氧菌，由于过氧化苯甲酰不是抗生素而不会有耐药性问题。缺点是可能会有刺痛、脱皮等不适症状。同样可以抑制痤疮杆菌的还有茶树精油。虽然它的刺激性比过氧化苯甲酰低一些，但市面上的产品往往达不到有效作用浓度，效果有待商榷。在欧洲，壬二酸（杜鹃花酸）已经被用来抗痘，它可以抑制细菌、抗炎并加速角质代谢。终极武器是抗生素，如红霉素、四环素、克林霉素等。具体使用方法，请遵循医生指导。

光疗是一种被越来越多的人认可的治疗方法，包括激光、光动力等方法。光疗可以对病灶处的痤疮杆菌进行杀灭，疗效很好，缺点是价格昂贵。如果有兴趣，请咨询皮肤科、整形外科或激光美容中心的医生。

除此之外，还有局部使用类固醇、局部外科切开等不常见的治疗手段。总的来说，联合各种手段、多管齐下才能有效控制痤疮，请针对自己状况选择不同的方式。该看医生就去看，千万别不把痘痘当回事——这是病![2]

结论：拿甲硝唑治痤疮，确实可能有一点效果。但这并不是一种合适的去痘方法。至于拿它去黑头？你要求太多了！

参考资料：

[1]虞瑞尧. 痤疮诊疗图谱. 北京科学技术出版社，2010.

[2]Hywel C Williams，Robert P Dellavalle，Sarah Garner. Acne Vulgaris. 2004.

着凉导致面瘫？

张若剑

流言：民间有句俗语：春捂秋冻，百病不碰。据《都市快报》，因为没有注意保暖，杭州一个女孩刷牙时嘴里的水突然不自觉地往外流，一照镜子发现，一侧面部表情瘫痪。医生说最近面瘫病人很多，都是不注意保暖惹的祸，爱美的姑娘小伙们出门别着急脱掉冬装哦！

真相

着凉如果能招来面瘫那真是很可怕的一件事。我们真的需要为此担心吗？

什么是面瘫？

严格说来，面瘫应该算是一种症状，患者一侧面部会失去控制面部肌肉的能力，表情扭曲且无法自控，极少数病例会出现两侧发病[1]。一些面瘫症状的发病原因比较明确，比如：膝状神经节综合征（Ramsay-Hunt Syndrome）、莱姆病（Lyme Disease），但大多数面瘫（占到80%～90%）的发病原因不明，被称为贝氏面瘫（Bell's palsy），也叫特发性面神经麻痹（一般一个病有“特发性”3个字就说明原因不清）。它只能由排除诊断法诊断，也就是说排除所有其他疾病的可能性后才能确诊[2]。

为什么会得面瘫？

从病理上看，面瘫是因为面神经出了问题。面神经又长又绕，出颅后走行于狭窄的骨性面神经管。由于面神经管仅能容纳面神经通过，一旦面神经发生炎性水肿（不只是水肿，还会有神经的脱髓鞘，严重的还会出现神经轴索变性），必然会导致面神经受到压迫，临床上就会出现面瘫的症状。

贝氏面瘫中引发面神经水肿的原因还不清楚。有一些假说，比如病毒感染（HSV-1，带状疱疹病毒等嗜神经病毒）可能与这样的病理变化有关，或是由于自主神经功能不稳引起局部营养神经的血管出现痉挛，导致面神经缺血进而出现神经水肿。但这些假说并没有得到证实，仍然还是假说。[3][4]

受风着凉后会得面瘫吗？

从临床表现来看，贝氏面瘫发病急，得病前多有受凉病史，狭窄缝隙的冷风是常见诱因，多数人是在清晨洗漱时发现一侧脸活动不灵的。不过教科书上并没有提到避免受风能预防面瘫。

在国际上对贝氏面瘫的研究中，各种情绪压力与环境压力，包括创伤、寒冷、代谢失调、情绪失调等，都被认为可能会诱发贝氏面瘫[5]，却并没有将受风受寒直接与贝氏面瘫联系起来的报道。研究同时还发现，贝氏面瘫没有季节差异，不存在季节交替或是大风季节时更容易发病的现象[4]。

怎么防治面瘫？

很不幸，由于致病原因都还不清楚，所以贝氏面瘫无法有针对性地预防。好消息是，它的发病率并不算高（只有万分之二），并且三分之二的患者在发病后即使什么也不做，也都能够在 3 周内自然痊愈。只有少部分人会留下如慢性味觉缺失、阵发性面肌痉挛等后遗症，部分特别倒霉的患者可能会永久失去面肌挛缩功能而对生活造成影响[6]。另外，年轻人自然愈合的可能性比老年人要高。

同时，针对面瘫也缺乏特效药物和疗法。目前常用的主要有激素治疗、抗病毒治疗、使用 B 族维生素营养神经等疗法。实践证明，这些方法在减轻症状和加速痊愈方面有一定效果，但效果并不太显著[7]。国内广泛应用的针灸、电针治疗和脸部运动可能有效，但是没有相关研究支持。此外还有一些争议中的疗法，如电疗、肉毒素注射、外科手术治疗，这些疗法都不太推荐，只能说在别的办法都无效的情况下可以试一试。

此外，由于面瘫可能导致失去闭眼能力，要特别注意对眼睛的保护。使用人造泪和眼药膏来保持角膜湿润，也可以晚上睡觉时用湿毛巾或眼罩盖上眼睛，预防暴露性角膜炎。

结论：对于特发性的面瘫，我们知道的还很少。目前仅仅在经验上认为，受风着凉只是诱因，而非发病的决定性因素。教科书和相关研究文献上都没有提到避免受风能预防面瘫。大家不用对吹风受凉过于紧张。不过，医学本身还是经验科学，许多疾病的发病机制没有完全搞懂。虽然不认为着凉是导致面瘫的根本原因，但注意保暖总没错。

参考资料：

[1]Anwar Ahmed M D. When is Facial Paralysis Bell Palsy? Current Diagnosis and Treatment. Cleveland Clinic Journal of Medicine，2005.

[2]Wikipedia. Facial Nerve Paralysis.

[3]Richard Baringer M D. Herpes Simplex Virus and Bell Palsy，1996.

[4]Rowlands S，Hooper R，Hughes R，et al. The Epidemiology and Treatment of Bell's Palsy in the UK. European Journal of Neurology，2002.

[5]Kasse，et al. Clinical Data and Prognosis in 1521 Cases of Bell's Palsy. International Congress Series，2003.

[6]Peitersen，Erik M D. The Natural History of Bell's Palsy. American Journal of Otology，1982.

[7]Sullivan F M，Swan I R，Donnan P T，et al. Early Treatment with Prednisolone or Acyclovir in Bell's Palsy. The New England Journal of Medicine，2007.

刮腋毛易导致乳腺癌吗？

林竹萧萧

流言：因为腋毛帮助汗液排出，没有腋毛会使毒素的排除受阻，让毒素储存于淋巴结，从而提高罹患乳腺癌的概率。乳腺癌在腋窝区域发病最多也是由此造成。

真相

夏天，很多女孩都会选择刮腋毛，因为在她们看来吊带背心下窜出郁郁葱葱的腋毛是不可接受的事情。不过网络上流传着“刮腋毛易导致乳腺癌”的说法，听上去好像很吓人，不妨来分析一下。

排毒和排汗完全无关

不少流言的惯用伎俩都是首先提出一个虚假的前提，然后用看似正确的逻辑推理得出一个错误的结论，例如这则流言就首先认定“排汗受阻会导致排毒受阻，最终导致癌症发生”。

在现代医学里，很难为“排毒”找到合适的定义。如果将致癌物质认为是“毒”，那么我们身体内大多数毒素都是由血液运输到肝脏或肾脏代谢清除的。这些“毒素”或经由胆汁随粪便排出或通过尿液排出体外[1]。流言中提到的“膝盖后方关节、耳后、腋窝等主要排毒区域”实在是无从谈起。

除了肝肾之外，淋巴结负责消灭体内细菌或其他病原体，同时也能清除部分对身体健康有危害的物质。但淋巴结清除“毒素”的机制不是出汗而是免疫介导，代谢产物通过淋巴回流最终也是进入血液系统[2]。实际上，淋巴结根本不与汗腺直接连接。汗腺存在于皮肤之中，而非淋巴结内。

排汗是人体正常的生理过程，它可以调节体温、保持皮肤湿润，同时排出极少量代谢废物。不过汗液的99%以上都是水，剩余极少部分溶质包括矿物质、乳酸、尿素及其他极微量的代谢产物。这些溶质中绝大多数来源于血浆，但浓度远低于尿液[3][4]，因此所谓出汗的“排毒”作用十分有限，局部排汗受阻很难对人体代谢造成显著影响。

阻碍排汗？刮腋毛无罪

“刮腋毛会使排汗受阻”是流言中认定的另一个“事实”。实际上，刮腋毛并不会影响汗腺的结构，也不会阻碍排汗。

汗腺包括排泄汗腺和顶浆汗腺两种[5]。排泄汗腺遍布全身，直接开口在皮肤表面，排汗功能与是否刮腋毛无关。顶浆汗腺则分布在腋下、阴部、乳晕等处，开口与毛囊相通，分泌的汗液相对较为黏稠，这种分泌液在皮肤表面的细菌作用下会形成特殊体味，严重的就是我们常说的狐臭[6]。由于刮腋毛只是剃除了毛发在体表的部分，并不破坏毛囊深层结构，因此对顶浆汗腺的分泌影响也十分有限。不少有体味（狐臭）的患者即便刮除了腋毛，体味也依旧浓烈[7]，要借助止汗剂与除臭剂才能勉强掩盖体味。

当然，需要提醒的是，对于采用物理方式刮除腋毛的人来说，如果因为刮腋毛不当造成皮肤的破损，确实容易引起感染、毛孔阻塞，有可能对排汗造成一定影响。所以，最好使用清洁锋利的剃毛工具，剃毛前充分湿润并适当使用润滑产品对避免划破皮肤也有帮助。同时切记，不要与他人共用剃毛工具。

腋窝淋巴结与乳腺癌

流言还声称几乎所有的乳腺癌都是发生在乳房外侧上方的区域，因为这里是排毒淋巴结的所在地。临床上，以乳头为原点画横纵轴将乳房分为 4 个象限，外上象限（靠近腋下的部分）乳腺癌原发灶发病率确实最高，不过，美国癌症协会（American Cancer Society）对此的解释是，这很可能只是因为该象限乳腺组织最多而已，其发病比例和乳腺组织在外上象限分布的比例类似，和淋巴无关[1]。

值得一提的是，腋窝淋巴结与乳腺癌的淋巴转移（注意，不是原发癌灶）确实有密切的联系。乳腺癌淋巴结转移大多都发生在腋窝淋巴结，但这依然与所谓的“腋窝淋巴结储存毒素”无关，而是由乳腺淋巴回流途径决定的。

乳腺周围分布着众多淋巴结，乳房组织产生的大部分淋巴液都是经胸大肌外侧缘淋巴管先流至腋窝淋巴结，再流向锁骨下淋巴结。因此大部分的乳腺癌淋巴转移也都发生在腋窝淋巴结[8]。

结论：流言粉碎。刮腋毛导致乳腺癌的谣言无论在论据还是结论上都是站不住脚的。目前并无临床证据支持刮腋毛会致乳腺癌，也无研究表明乳腺癌发病位置同刮腋毛有关。刮腋毛在审美上是好是坏因人而异，但依据目前的医学认识，选择刮腋毛的人不必担心会对乳腺健康带来负面影响。

参考资料：

[1] American Cancer Society：Antiperspirants and Breast Cancer Risk.

[2] Wikipedia. Lymph Node.

[3] Czarnowski D，et al. Plasma Ammonia Is the Principal Source of Ammonia in Sweat. Eur J Appl Physiol Occup Physiol，1992.

[4] Cizza G，et al. Elevated Neuroimmune Biomarkers in Sweat Patches and Plasma of Premenopausal Women with Major Depressive Disorder in Remission：The POWER Study. Biol Psychiatry，2008.

[5]Wikipedia. Sweat Gland.

[6]Wikipedia. Apocrine Sweat Glands.

[7]Kohoutova D，Rubesova A，Havlicek J. Shaving of Axillary Hair Has Only a Transient Effect on Perceived Body Odor Pleasantness. Behavioral Ecology and Sociobiology，2012.

[8]吴在德. 外科学：第五版. 人民卫生出版社，2000.

只能使用更贵的护肤品吗？

Helixsun

流言：护肤品有耐受性，要越用越好的，所以年轻时候不能用贵的复杂的护肤品，不然到老了就没东西可用了。

真相

对于选择化妆品，不少人都还是价格导向的消费观念，以为越贵的产品就一定越好。今天我们就来讨论下选择护肤品的误区。

“耐药”与“耐受”大不同

在谈论护肤品的耐受性问题时，很多人混淆了“耐受”与“耐药”这两个概念。所谓耐药，是指重复使用某种药物后，其药效逐渐减低，如要取得与用药初期同等效果，必须增加剂量。它是医药学领域的概念，又称为抗药性。药物的耐药情况中，最引人注目的就是病原体的耐药性。超级细菌的出现（详见：果壳网“超级细菌の世界末日论”）、结核病的卷土重来（详见：果壳网“结核离我们并不远”）都和致病菌对治疗药物产生了耐受有关。除此之外，也存在由受体变化、药物代谢加快等产生的耐药性。这类型的耐药一般都与长时间大剂量的药物使用有关。护肤品的活性成分一般含量都很低，不太可能出现类似的效果减弱情况。

同时，根据中国法规，护肤品不能宣称有治疗效果或者使用医疗术语，名称标签标识禁止使用明示或暗示对疾病有治疗作用或效果的用语。护肤品不是药物，说护肤品产生耐药性并不确切。目前也没有护肤品中成分在什么人身上出现了耐药性的报道。

皮肤护理方面所谈及的耐受则是另一个问题。

护肤品的耐受指的是皮肤对某一成分的接受程度。护肤品中的一些活性成分可以发挥有益的生理效应，但是也可能带来红斑、刺痛、蜕皮等副作用。对于这些成分，有些人在使用初期会产生不适，即对这种成分不耐受。这种不耐受通常和浓度相关，不同于一般意义上的过敏。随着使用时间的延长，皮肤会逐渐适应，不适的情况会消失，这个过程就是皮肤对护肤品的耐受。为了使皮肤对活性成分有更好的耐受性，一方面要控制活性成分的浓度，使它能发挥作用但不至于引起皮肤不适；另一方面可以通过加入一些抗炎舒缓的成分来改善。[1]

活性成分浓度越高越好？并非如此

举个例子，曾有研究者比较了5％、10％尿素霜对于缓解特应性皮炎患者皮肤不适的效果，发现并没有明显的差异[2]。从尿素霜的这个例子可以看出，浓度高并不一定会带来更好的效果，有时候浓度高还会造成更大的刺激性，这就是前面所说的耐受性问题。比如水杨酸，在护肤品中的浓度上限是2%（去屑洗发水为3%），更高浓度会刺激皮肤引起皮肤严重损伤。医院里有时会用更高浓度水杨酸来治疗痤疮、牛皮癣甚至可以用来化学换肤，但是都必须在医生的指导下使用。

换句话说，不能因为追求效果就认为浓度越高越好，日常护肤选择适合的浓度就可以了，过高浓度带来的刺激性可能适得其反。

活性成分越复杂越好？并非如此

成分越复杂，产生敏感和不耐受情况出现的概率就越高。举例来说，我们知道维生素C会有美白、促进胶原蛋白表达、抗氧化等功效。但是一般的维生素C稳定性差，更多的厂商会使用维生素C的衍生物，比如酯化维生素C、维生素C葡萄糖苷、维生素盐类等。市面上有些产品会添加多种维生素C衍生物，宣称具有更好的护肤效果。但是理论上看并不是越多越好。维生素C需要在较强酸性中才会有效果，而维生素C盐类在弱碱性条件下才稳定，放在同一产品里难免顾此失彼。脂溶性的酯化维生素C和水溶性维生素C的性质完全不同，两者混合在一个产品中也会对制剂提出更高的要求。

总的来说，判断一个产品的优劣不能简单地将成分的复杂程度作为依据，更重要的是合理的配方和制剂。

越贵的产品就越好？非也

应该说各个价位都有优良的产品。产品价格的定位更多来自市场定位和广告等多方面的考量。高端产品往往宣传某一成分的神奇效果，利用信息不对称进行超常规定价，引起消费者关注和崇拜，巩固它们在行业中的顶端地位。同一集团也会推出不同价位的品牌，来创造多个梯度的价格空间，以此扩大目标消费人群[3]。

选护肤品的依据是年龄？非也

年轻人虽然更常遇到痤疮问题，但是一样也会有皱纹、色斑。老年人除了皱纹同样可能会有痤疮、湿疹、过敏等问题。选择护肤品最先考虑的应该是自己的肤质，是油腻还是干燥，容易过敏还是耐受性好，是否有色素沉淀，紧致还是有皱纹。即使同一年龄段也会有不同的肤质，经常会有人羡慕同龄人没有痤疮、皱纹等皮肤问题，并不是他们用了什么神奇的产品，可能只不过是天生丽质加上选择了适合自己肤质的护肤品而已。

结论：皮肤不会对护肤品产生耐药性，选择护肤品要根据自己的肤质而非年龄。同时，各种价位的护肤品都有出色的产品，并非越贵越好。

参考资料：

[1]德拉洛斯. 功能性化妆品：美容皮肤科实用技术. 人民军医出版社，2007.

[2]Robert Bissonnette M D，et al. A double-blind Study of Tolerance and Efficacy of a New Urea-containing Moisturizer in Patients with Atopic Dermatitis. Journal of Cosmetic Dermatology，2010.

[3]蔡梦诗. 关于中国美容化妆品业产业组织的若干问题研究. 浙江大学硕士论文，2007.

止汗剂会增加乳腺癌风险吗？

林竹萧萧

流言：使用腋下止汗剂、除味剂等化妆品会增加乳腺癌风险。

真相

“腋下止汗剂、除味剂会增加乳腺癌风险”的说法在国外已经流传十几年了[1]。随着这些产品在国内也渐渐多起来，这个说法也传进了国内。相信在了解了它的来源以及相关的研究结果之后，你会有一个自己的判断。

铝化合物：被质疑的成分

对于止汗剂的担忧来源于其成分中的铝化合物。目前市场上大多数止汗剂的有效成分仍然是铝化合物，主要有氯化羟铝、氯化铝钴等[2]。铝化合物能够暂时地堵住汗腺出口，阻止汗液分泌到皮肤表面，达到物理止汗的效果[3]。

除了网络上广泛传播的流言，英国的达尔布雷医生也相信止汗剂可能导致乳腺癌发生。达尔布雷医生用乳腺癌细胞做实验，发现某些铝化合物能够通过化学键结合或者受体基因调控等途径影响癌细胞的雌激素代谢[4]，并将这个结果作为“致癌假说”的理论依据[5]。

尽管听起来很惊悚，但实际上这个假说和细胞学证明“使用止汗剂或除臭剂会致癌”这个结论尚有很大距离。

首先，细胞学水平上的“代谢变化”与“致癌”是两个不同的概念，而且该研究结果来自在癌细胞中进行的实验。铝化合物在正常乳腺细胞中是否有同样的作用，它又是通过何种机制导致正常乳腺细胞发生癌变的，这些问题并没有得到证实和解答。

其次，这些铝化合物是否能通过皮肤进入人体？是否会在体内（尤其是乳腺组织）蓄积？在乳腺组织中蓄积的浓度是否能达到有害浓度？这一系列问题也都是解答“使用止汗剂是否会致癌”的关键问题。但是目前并没有看到任何研究给出肯定回答，恐怕还需要更多更深入的研究才能揭开谜团[6]。

临床研究可见端倪

美国癌症研究协会、美国国家癌症研究所等机构都不认同使用止汗剂会导致乳腺癌的观点[3][6][7]。与致癌论支持者在细胞水平提出假说和实验不同，这些机构主要通过对目前临床数据的分析研究得出结论。

第一项与此话题有关的临床流行病学证据来自美国。2002 年一项涉及 873 名女乳腺癌患者，793 名健康女性对照的流行病调查研究发现，使用止汗剂、除臭剂和刮腋毛等习惯均与乳腺癌无显著相关性[5]。2006 年的另一项涉及 54 名女乳腺癌患者和 50 名健康女性的研究甚至发现在健康对照组中使用止汗剂的女性比例反而要高于癌症患者[8]。

但 2003 年的一项研究得到了令人费解的结果。研究人员对 400 多名患过乳腺癌的女性进行问卷调查，发现使用止汗剂或者刮腋毛的女性诊断乳腺癌的年龄明显更早。因此研究人员推断止汗剂、除臭剂与刮腋毛等习惯会提前乳腺癌发病年龄[9]。

这项研究的结果让人费解并受到科学界诟病的原因是它在设计上存在的缺陷使得结果的可信度和科学价值大大下降[6]。因为从日常生活经验来看，年轻女性要比中老年女性更常使用止汗剂、除味剂，也更常刮腋毛。如果实际情况是无论在癌症患者还是健康女性中腋下使用化妆品者的年龄都更小的话，那与其说使用腋下化妆品与乳腺癌有关，倒不如说是这些习惯跟年龄有关[6]。这样的研究数据远不能证明止汗剂会导致乳腺癌发生的观点。

正是鉴于这些临床研究的结果，美国癌症研究协会、美国国家癌症研究所等机构都在其官方网站上明确表态，不支持致癌论的观点[3][6]。

刮腋毛后止汗，不推荐

包括止汗剂在内的许多腋下护肤品、化妆品都在产品上做了说明：避免在刮腋毛后一小时内使用。因此就有人担心是不是因为这些化妆品致癌所以才不能在刮腋毛后使用呢？

事实并非如此。因为刮腋毛的时候可能会不小心刮破皮肤，如果在有皮肤破损的情况下使用这些化学品的话，可能会造成一些刺激反应，这是在刮腋毛后一小时内不推荐使用止汗剂的主要原因。另外，如果在使用止汗剂、除臭剂之后腋下有刺痛感、烧灼感或出现过敏等不适症状，务必立即停止使用并清洗腋部，如果症状严重应寻求适当的医疗帮助。

结论：流言粉碎。从目前的实验和临床证据来看，并无有力证据支持“使用止汗剂会导致乳腺癌发生”的说法。美国癌症研究协会、美国国家癌症研究所等机构都在其官方网站上明确表态，不支持使用止汗剂会致癌的观点。在选用止汗剂、除臭剂等腋下化妆品时选择正规合格的产品，并遵照说明使用即可。

参考资料：

[1]Jones J. Can Rumors Cause Cancer? J Natl Cancer Inst，2000.

[2]Darbre P D. Underarm Cosmetics and Breast Cancer. J Appl Toxicol，2003.

[3]National Cancer Institute：Antiperspirants/Deodorants and Breast Cancer.

[4]Darbre P D. Aluminium，Antiperspirants and Breast Cancer. J

Inorg Biochem，2005.

[5]Mirick D K，Davis S ，Thomas D B. Antiperspirant Use and the Risk of Breast Cancer. J Natl Cancer Inst，2002.

[6]American Cancer Society：Antiperspirants and Breast Cancer Risk.

[7]Namer M，et al. The Use of Deodorants/Antiperspirants does not Constitute a Risk Factor for Breast Cancer. Bull Cancer，2008.

[8]Fakri S，Al-Azzawi A，Al-Tawil N. Antiperspirant Use as a Risk Factor for Breast Cancer in Iraq. Eastern Mediterranean Health Journal，2006.

[9]McGrath K G. An Earlier Age of Breast Cancer Diagnosis Related to More Frequent Use of Antiperspirants/Deodorants and Underarm Shaving. Eur J Cancer Prev，2003.

运动健身，会让你变成肌肉女吗？

绵羊c

流言：锻炼会导致女生长横肉，肥是减了，可一点也不苗条。

真相

在这个大多数人以瘦为美的年代，“减肥”是女性的口头禅和终生目标。当狠狠节食为女性带来了健康的损害和对食物变本加厉的渴望后，不少人开始思考新的减肥方式：即在健康有度的饮食下，培养坚持运动的习惯。

肌肉是怎样练成的

肌肉分骨骼肌、平滑肌和心肌3种，这里我们讨论的主要是影响形体的骨骼肌。骨骼肌的每块肌肉都是由许多的肌纤维组成，每个肌纤维实际上都是一个多核细胞。肌纤维又由许多肌原纤维组成，每条肌原纤维都可分成一节节的肌小节，肌小节中肌球蛋白和肌动蛋白形成的粗、细肌丝互相嵌合在一起，两种肌丝的互相牵拉使肌肉可以做出收缩伸展的动作。

骨骼肌之所以在经过一些训练之后会越来越强壮，是因为这些运动刺激了肌纤维，使其中的收缩性蛋白（如肌球蛋白和肌动蛋白）变多，肌节的数量也会横向增多。这些变化都会导致肌纤维的横截面积变大，从而使肌肉越来越大块。

需要顺带一提的是，肌纤维按照收缩速度和代谢类型可以被进一步分成两种：偏于支持有氧运动的慢肌纤维和偏爱无氧运动的快肌纤维。尽管所有肌纤维都有增大的可能，但增大程度不同。练出的大块肌肉主要是由于快肌纤维的增长。

先天的激素“劣势”

身为女性的你也许常担心肌肉问题，实际上女性在肌肉锻炼中存在激素上的劣势。激素水平会影响肌肉的状态，其中雄性激素睾酮被认为对肌肉生长起到了明显的作用[1]。睾酮会促进蛋白质合成，抑制蛋白质分解。因此即便是同样不爱运动的个体，男性也会比女性壮实一些。肌肉训练也会进一步刺激睾酮的分泌，但这种刺激作用在女性身上并不明显[2]，所以从先天条件上来说，女性即便想练肌肉，难度也比男性更大。

当然，在很多女生眼里，这种“劣势”应该是“优势”吧！

后天运动方式的选择

尽管从先天条件上来说女性练肌肉的难度更大，但运动方式对肌肉的养成有着更为关键的作用。选对运动方式，减肥苗条两不误。

前面提到，肌肉的增大主要得益于快肌纤维的生长，但在重复性的低强度练习和固定姿势活动中，快肌纤维几乎不会被用到。比如在女性喜欢的跑步（尤其是长跑）或自行车运动中，慢肌纤维会慢慢增大，但肌肉增大的主力军快肌纤维却不会明显增大，甚至出现萎缩[3]。

本特·萨尔丁（Bengt Saltin）教授领导的小组对人体股四头肌进行活组织检查，得到了肌纤维体积变化的数据。他们发现，在动物和人类的实验中，举重引起了所有类型肌纤维的最大变化，而快肌纤维的增长幅度最大。有趣的是，骑车这样的慢速重复性运动反而引起了快肌纤维的萎缩，更适于抗疲劳的慢肌纤维则增大。

即便是喜欢在健身房中进行负重训练、力量训练的女生，也可以通过调整运动细节来降低肌肉生长的效果。肌肉训练中，常用 1RM（Repetition Maximum）代表一个人一次可以举起的最大重量。研究表明，越接近 1RM 的负重训练重量越有利于锻炼肌肉，而较轻的重量（如少于 65% 1RM）则不足以练出肌肉[4]。每组动作的重复次数也很重要，中等数量的次数（6～12 次）最利于练出强壮肌肉，而次数较多（15 次以上）时练肌肉的效果反而会弱化。因此女性可以选择轻重量，但重复次数多的负重训练方式，比较不容易变成肌肉女。

不管采用什么锻炼方式，每做完一组练习大家都需要让肌肉休息一下，而这个休息时间对肌肉生长的影响也不小。如果把休息时间分为短（少于 30 秒）、中（60～90 秒）和长（3 分钟以上）3 种类型，中等长度的休息时间是最利于肌肉养成的，这种情况下肌肉既可以从疲惫中恢复过来，肌肉中的各种有利于肌肉生长的代谢产物水平又可以一直维持在较高的浓度[5]。而不想练肌肉的妹子则要采用长休的方式，让利于肌肉生长的代谢物有足够时间降解，从而缓解肌肉生长的效果。

锻炼时动作的重复频率也很重要。动作频率越快，越容易营造肌肉中的缺血、缺氧状态，而这两者对于肌肉的养成都有促进作用[6]。所以不想长肌肉的女生锻炼时应当把动作的重复频率控制在较低的水平，以使肌肉保持较好的氧气供应状态。

此外，想要练出强壮的肌肉，不但需要长期大强度的科学训练，还要配合严格的高能量、高蛋白饮食才能达到最好效果。避免高蛋白饮食，也是不想肌肉过于强壮的女生们应该注意的。

结论：总之，女性不用太担心。除了有先天的“劣势”之外，你们偏爱的低强度、休息时间长和慢速重复性的运动方式也更不易引起肌肉的增大，尤其当你最喜欢的锻炼方式是长跑或骑车的时候。

P. S. 整天嚷嚷着怕练出肌肉，其实是为不想运动找借口吧？

参考资料：

[1]Deschenes M，Kraemer W J，Maresh C M，et al. Exercise Induced Hormonal Changes and Their Effects upon Skeletal Muscle Muscle Tissue. Sport Med，1991.

[2]Kraemer W J，et al. Changes in Hormonal Concentrations after Different Heavy-resistance Exercise Protocols in Women. J Appl Physiol，1993.

[3]P V Komi. Strength and Power in Sports. Blackwell Scientific Publications，1992.

[4]McDonagh M J，C T Davies. Adaptive Response of Mammalian Skeletal Muscle to Exercise with High Loads. Eur J Appl Physiol Occup Physiol，1984.

[5]Stull G A，D H Clarke. Patterns of Recovery Following Isometric and Isotonic Strength Decrement. Med Sci Sports，1971.

[6]Nogueira W，et al. Effects of Power Training on Muscle Thickness of Older men. Int J Sports Med，2009.

用保鲜膜与辣椒霜减肥不靠谱

绵羊c

流言：运动时用保鲜膜包住想瘦的部位可以提高局部温度，大量排汗以达到燃烧脂肪的效果；而辣椒霜可以促进血液循环，帮助脂肪燃烧，瘦身纤体。

真相

保鲜膜与辣椒霜是不少减肥攻略所推崇的减肥方法，不过它们的效果可经不起科学的拷问。

保鲜膜：高温出汗不减脂

保鲜膜的透气性比较差，因此运动时裹在身上确实会提高局部体温，身体为了散热便会大量出汗。出汗后体重可能会减轻，因此很多人便觉得这样减肥确实有效果，却不知减轻的重量主要是身体损失的水分，补充水分以后重量就又回来了，而脂肪细胞里的脂肪是不会跟着汗水一起跑掉的。

有人不禁要问，那提高温度可以加速新陈代谢，总能促进脂肪燃烧了吧？其实，脂肪的消耗与人体很多其他生理过程一样，牵扯到精密准确的调控过程，而高温对这个过程来说不见得是好事。

脂肪的“燃烧”

人在运动时，为肌肉提供能量的主要是两种物质：糖原和脂肪酸。糖原来自碳水化合物，而脂肪酸则是由甘油三酯分解而来。储存在脂肪组织中的甘油三酯在分解为脂肪酸后，会由血液运送到需要能量的肌肉部位，是运动时脂肪酸的主要来源。除此之外还有一些脂肪酸分解自血液和肌肉组织中的甘油三酯[1]。脂肪酸被肌肉细胞吃进细胞质里，经过一系列转化后会被运进“能量工厂”线粒体中，最终变为细胞可以直接使用的能量。

有不少科学家一直在研究影响脂肪酸氧化速率的因素。例如，有研究指出当人的运动强度由低强度（25％最大耗氧量）增加到中等强度（65％最大耗氧量）时，脂肪酸的氧化速率一直在上升，但当运动强度很高时（85％最大耗氧量），脂肪酸的氧化速率反而会下降，糖原的消耗量则大幅上升[2]，因此中低强度的运动较适合脂肪酸的消耗。除此之外，还有一些研究指出运动的模式和饮食习惯都可能会影响脂肪酸的氧化速率[3]。但是，在众多研究中并没有与体温相关的内容，没有所谓提高温度可以加速脂肪酸氧化速率的证据。

其实脂肪“燃烧”的过程中有许多重要的酶参与，而人体内的酶对反应条件十分敏感，通常而言最佳温度在35℃～

40℃，一旦超过40℃，酶活性就会剧烈下降，甚至酶本身也会分解。因此保鲜膜裹住肌肉造成的局部高温不一定能促进脂肪消耗，却很可能起到反效果。

辣椒霜：被误解的作用

辣椒霜中的主要有效成分也是吃辣椒时让你涕泪横流的“罪魁祸首”——辣椒素。无色无嗅的辣椒素会让哺乳动物有火辣的灼烧感，是因为它可以刺激感受神经上的一种叫做TRPV1的辣椒素受体，同时释放出一种与痛觉密切相关的P物质。P物质有扩张血管、加速血流的作用，所以被辣椒素刺激的部位会变红发热[4]。这样的反应和运动以后身体的发热很像，可能因此让人误以为能起到和运动一样的减肥作用。殊不知，运动减肥的真正原因是消耗了大量的能量，发热只是伴随产生的现象。扩张血管、加速血流或许会在一定程度上加快局部的新陈代谢，但并没有研究表明在皮肤上涂抹辣椒素会有显著的减肥效果。

实际上，确实有药用的辣椒霜，不过不是用来减肥，而是用来——止痛！出人意料吧，辣人的辣椒素竟然也能止痛。这是因为通过辣椒素刺激神经可以让产生痛觉必不可少的P物质被释放出去，于是在P物质重新合成积累的这个过程中，人对疼痛就没那么敏感了，从而起到了止痛的作用。

目前也有一些研究指出，辣椒素可能具有减肥作用，只不过不是用涂抹辣椒霜的方式，而是直接服用[5]。但要最终确认有效，并作为安全的药品用于减肥，还需要进一步的研究，并通过药物监管部门严格的安全性和有效性的审批。如果因为这些初步的研究，你就大吃特吃辣椒，妄图减肥的话，粉碎机要提醒你，减肥不见得有效，“菊花”是一定会辣的哈！

科学地“燃烧”脂肪

无论是利用保鲜膜加温出汗还是涂抹辣椒霜都不是什么靠谱的减脂办法，不过了解了脂肪分解的特点，科学地指导消脂并不是不可能的事。

就运动模式而言，前文提到的，脂肪酸的氧化速率在高强度运动中会降低，但在低强度和中等强度的运动中较为理想，消耗速率的峰值大约是运动强度为 65％最大耗氧量的时候。因此想要减肥的你记得不要选择强度过大的运动。除此之外，耐力训练（如长跑）也可以通过促进肌肉中的毛细血管增生和线粒体中蛋白质的增加，来显著提高脂肪酸氧化速率的峰值[6]，所以跑步是减脂的好选择哦。

另外饮食习惯也很重要。如果在运动前摄入碳水化合物，会显著降低脂肪酸的消耗速率[7]，这种抑制作用对中低强度的运动尤其明显，而且抑制作用可以持续长达 6 个小时。想减肥的你在运动前可以减少碳水化合物的摄入，而以蛋白质、纤维素比较丰富的食物为主。不过需要提醒的是，完全不摄入碳水化合物是危险和不科学的，由此导致低血糖带来的危害更大。

结论：流言粉碎。

保鲜膜的作用是提高局部温度，增加排汗。目前还没有研究表明提高温度可以促进脂肪消耗，而排汗带来的体重减轻也只是由于失水而非减脂。辣椒霜能够扩张血管，促进血液循环，同样没有证据表明它具有消脂的功能。

脂肪燃烧真的——只是个比喻，不是热了烫了辣了就代表烧起来了呀！

参考资料：

[1]Jeppesen J，Kiens B. Regulation and Limitations to Fatty Acid Oxidation During Exercise. J Physiol，2012.

[2]Romijn J A，et al. Regulation of Endogenous Fat and Carbohydrate Metabolism in Relation to Exercise Intensity and Duration. Am J Physiol，1993.

[3]Achten J，A E Jeukendrup. Optimizing Fat Oxidation Through Exercise and Diet. Nutrition，2004.

[4]Hayman M，Peter C A Kam. Capsaicin：A Review of Its Pharmalogy and Clinical Applications. Current Anaesthesis & Critical Care，2008.

[5]Lejeune M P，E M Kovacs，M S Westerterp-Plantenga. Effect of Capsaicin on Substrate Oxidation and Weight Maintenance after Modest Body-weight Loss in Human Subjects. Br J

Nutr，2003.
[6]Hurley B F，et al. Muscle Triglyceride Utilization During Exercise：Effect of Training. J Appl Physiol，1986.
[7]Kirwan J P，O'Gorman D，Evans W J. A Moderate Glycemic Meal Before Endurance Exercise Can Enhance Performance. J Appl Physiol，1998.

造假翡翠＝放射＋剧毒？

老猫

流言：市面上出售的一些翡翠虽然看上去物美价廉，但是要小心了，它可能是会释放出放射性元素的高致癌化学“宝贝”！黑幕揭秘！烂石头也能变成翡翠玉镯！

真相

的确有不少黑心商人以次充好，欺骗缺乏翡翠玉石鉴定能力的消费者，网络上那些展现石头变翡翠组图也是常年以来翡翠加工处理的过程，不过加工后的翡翠并非像流言里说的那么可怕。

翡翠的加工与分级

翡翠是一类辉石类矿物所组成的岩石，产生于低温高压下形成的变质岩中。根据形成条件的不同，岩石内各种矿物晶体的大小、裂隙的多少、岩石的致密程度等都有很大的区别。少部分翡翠天生致密、细腻、透明度好，受到大家的喜爱和推崇，价格自然也就不菲。但大多数翡翠的质量和品相并不让人满意，于是诞生了一系列加工优化低品相翡翠原石的手段。

对翡翠市场有所关心的人一定知道翡翠分 A 货、B 货和 C 货，但是相信许多人并不清楚这里的 ABC 分别代表什么意思。所谓的 B 货翡翠指的是经过漂白（Bleached）填充处理的翡翠，而 C 货翡翠指的是经过上色（Coloured）处理的翡翠。而 A 货翡翠才是没有经过漂白上色处理、货真价实的天然翡翠。网络上流传的组图，正是标准的 B+C 处理，即对粗糙的低品相翡翠同时进行漂白填充与上色处理的过程。

B 货 C 货并不那么危险

需要指出的是，即使是经过最复杂的 B+C 处理，得到的翡翠确实掺了假，但石头本身还是安全的，我们可以来分析一下几种处理过程本身。

漂白：用来漂白翡翠原石的试剂并不像流言所说的是“强酸以及包含大量放射元素的化学制剂”，而只是强酸——工业用的浓盐酸。漂白的作用是利用强酸将翡翠原石的氧化铁等杂质去掉，使它不再表现出难看的棕黑色。为了保证接来下的处理能够正常进行，经过酸洗之后的翡翠需要多次漂洗，完全除去残余的酸，因而酸洗过程并不会让玉镯带上什么对我们有害的物质。

染色：染色是将染色剂注入到翡翠的缝隙中，使之带上消费者想要的颜色。酸洗会给翡翠留下很多微小的空隙，这给上色工作带来了很大便利，在酸洗处理过的翡翠上上色就像用水彩给粉笔上色一样简单。我们最初用的染色剂是三价铬离子无机盐，但因为能用查尔斯镜（一种宝石鉴定简单仪器）鉴别出来，所以在二十世纪八九十年代已经被淘汰了。现在的翡翠染色常用的是各种有机染色剂，例如服装染料。这些染色剂本身或多或少对人体会有一些毒害，但因为日常生活中脱落并且能被皮肤吸收的剂量十分小，所以一般也被认为是安全的。

填充：填充是将透明的树脂注入到原石的缝隙中去，提高翡翠的透明度（水色）。填充用的树脂并不像流言里说的那么可怕，只是一些高分子材料而已，最常见的是环氧树脂，此外还有可能是 Opticon（一种含有环氧树脂的无色合成树脂）或者聚苯乙烯等。虽然说这些树脂的单体，例如氯环氧丙烷、双酚 A，听上去都是挺可怕的东西，但事实上交联之后的高分子树脂性质稳定，相当安全。这些材料在我们的日常生活中也十分常见，例如铝制易拉罐内壁上覆盖的膜就是由环氧树脂制成的，而包装上常见的泡沫塑料是由聚苯乙烯制成的。虽然树脂的各项指标可能达不到食品包装标准，但仅仅用来佩戴的话，也不会对我们造成大的伤害。

结论：流言破解。虽然翡翠的 B+C 处理的确让人觉得像是破石头大变身，但这只是一种正常的低品相翡翠处理加工方式而已。加工过程中用到了诸如浓盐酸这种有强腐蚀性的物质、染料和合成树脂，不过加工完成后的 B+C 货翡翠并没有额外的辐射和剧毒物，也不会给佩戴者带来显著的伤害。只是有些不法商贩会用 B 货、C 货或者更便宜的 B+C 货翡翠来冒充 A 货翡翠牟取暴利，所以购买者还须擦亮眼睛。

佩戴水晶能治病吗？

湖鹰、熊出-没注意

流言：在宝石、晶体的市场上，我们可能听说过很多这样的宣传：滋养人体的“能量”、呵护精气的“力场”、对治疗某病症有奇效的“作用”，等等。这些所谓功效无疑吸引了不少人，否则宣传语们也不会长盛不衰了。

真相

我们今天就来较个真——矿物，有这么奇特的性质吗？

佩戴矿物就能保健？不可能

矿物，被定义为天然产出、在通常情况下以固态产出的无机化合物。换句话说，只要不是人造的，而又能被人们用一套化学结构式表示出来的无机物，就是矿物。矿物是否有“能量”或者“场”？有。而且，这些东西也还真的既看不见又摸不着。只不过，当你佩戴矿晶首饰的时候，这些“能量”无论如何也不会对你产生有效的作用罢了。

矿物身为晶体，它们所含有的能量是以离子键或共价键的形式储存在自己晶格中的。如果这部分能量真的能够拿来

“用于人体的保健”，那么你也得首先把晶体的结构给彻底破坏掉，让化学键断裂，才能获取这些能量。当你佩戴晶体时，晶体的化学键只会维持着自己的晶格，无法对你的身体产生无论是正面还是负面的影响。

也许有人会好奇有没有可能是矿石的放射性能对佩戴的人有作用，但其实放射性矿物在世界上并不常见。常见的水晶、碧玺以及各种常见宝石几乎没有放射性，常见矿物中，只有部分天然锆石（而非人工合成的立方体氧化锆，即日常装饰品上所点缀的“锆石”）和少量特殊的萤石具有放射性风险——当然，各种专门的铀矿石、稀土元素矿石除外。

对人体健康有贡献的矿物

到这里，流言看似很简单就被破解了：“矿物晶石本身是不会对人体产生直接治疗功效的”。是吗？不，今天我们的回答还真得要反一反常态。我们说：矿晶不但可以，而且还很广泛地，甚至直接地参与着人体的医疗。只不过，这些矿晶，不是水晶，不是碧玺，不是任何绚丽的珠宝。而是石膏、重晶石、光卤石、方解石、磷灰石、锂云母这些平凡的矿物。让我们来认识一下它们。

石膏 尽管是一种美丽的晶体，但在生活中，由于它的硬度很低，无法进入饰品圈。陆内的盐湖、潮滩的上部区域，都是石膏大量产出的环境。石膏是一种极软的矿物，作为摩氏硬度 2 级的标度矿物，石膏晶体甚至可以用指甲轻易划动，这种低硬度的特性使它赢得了雕塑家们的青睐。

石膏对于健康的贡献来自它们在骨折固定中的应用。所谓骨折固定，是指将骨折处维持在复位后的位置，使其在良好对位的情况下达到牢固愈合。该处理过程是骨折愈合的关键。而石膏固定便是骨折固定中很常见的一种方式。人们首先将石膏脱水，制为熟石膏（Anhydrite，$CaSO_4$），并将其细粉末散布在特制的纱布绷带上，做成石膏绷带。这种涂满熟石膏的绷带，经过浸水之后会迅速重结晶为含水的石膏，在 5～10 分钟变硬、成形。可想而知，当这种熟石膏绷带实际应用于患者肢体时，便会迅速地固化为患肢坚实的支撑了。石膏极低的硬度，以及这种极易脱水化/水化的特性，使得它可以根据肢体的形状任意塑形，并在塑形之后迅速提供可靠的、能够维持较长时间的固定力。

重晶石 说起石膏，也就不能不提一下同属硫酸盐大类的重晶石（Barite，$BaSO_4$）了。Ba^{2+} 离子赋予了它极高的比重，重晶石之名也因此而来。作为一种低温热液蚀变矿物(地壳中离子浓度较高的流体，与构成其通道的基岩发生反应而生成的产物)，它的身影显然不如石膏一样遍布地表，然而，在医疗上，重晶石硫酸钡，却有着不输于石膏的普遍应用——它可以作为 X 射线检查中的一种造影剂，用于消化道的影像检查。没错，当我们把重晶石和硫酸钡再换一个更熟悉的名称表达出来时，可能你就会不禁莞尔了——它，就是人们俗称的“钡餐”。

钡餐的核心机理，在于它可以在 X 射线下使消化道的轮廓平滑连续地显影。而硫酸钡不溶于水和脂质，在消化道内不会被吸收，因此对人基本无毒性，这使它最终得以广泛地应用于医疗。医学告诉我们，发生病变的消化管内壁会发生外形上的改变。于是，当患者服用一定量的医用硫酸钡混浊液时，消化道轮廓改变与否，怎样改变，便可以由“钡餐”显影，从而直接为医生初步判断疾病提供直观的信息。

在盐湖中，还有与石膏相伴生的光卤石（Carnallite，$KMgCl_3 \cdot 6H_2O$）与钾盐（Sylvite，KCl）。对盐湖中“泪滴构造”有印象吗？从外向内，分别是碳酸盐、硫酸盐，直到蒸发最甚之时沉积的卤化盐。没错。作为盐湖终了期的产物，卤盐开始大规模析出。石盐、钾盐、光卤石，都是这个时期最典型的代表。钾盐和光卤石对人类重要的意义之一，便在于它们是提炼氯化钾的直接原料。

氯化钾 虽然是一种简单的卤盐，但它可以作为临床上常用的电解质平衡调节药，广泛应用于各个科室的医疗工作中。钾离子是人体内非常重要的一种物质，它可以维持细胞的正常代谢、维持神经肌肉组织的兴奋性，以及维持心肌的正常功能等。当血液中的钾含量过低时（小于 3.5 毫摩尔/升），可产生恶心、呕吐、心律失常、肌无力甚至呼吸困难等症状。因此，氯化钾可以用于治疗和预防各种原因（长期进食不足、呕吐、应用利尿剂、大量输注葡萄糖和胰岛素）引起的低钾血症。更不提氯化钾还可以用于治疗洋地黄中毒引起的快速性心律失常了。氯化钾对人体的作用是如此之大，有了“生命之盐”的美誉。

我们在这里举出的几种矿晶，远不足以囊括矿物之于人类医疗保健的重要作用。在它们之外，还有以方解石为原料所制备出的氯化钙，可用于治疗由于低钙引起的各种疾病（手足抽搐症、肠绞痛、渗出性水肿、瘙痒性皮肤病等）；金红石、钛铁矿作为钛的几乎唯一来源，用于制备人造钛金骨骼；锂辉石、锂云母这些锂矿蕴含着对治疗抑郁症至关重要的锂等。

结论：佩戴各种宝石矿石无法给人带来任何保健作用，但是在医疗上有很多矿石都扮演着重要的角色。

穿高跟鞋会影响食欲吗？

林竹萧萧

流言：女性穿高跟鞋时足部受到挤压，导致整个足部和腿部的血液循环不畅，并由此导致摄食中枢供血不足，引起肠胃失调乃至厌食。如果本身就有胃痛、爱闹肚子之类的小毛病，一定不能长时间穿高跟鞋。

真相

这则流言的中文原始版本，是说日本一个研究发现给孩子穿鞋码过小的鞋子影响孩子的食欲[1]，几经演绎最终成了“穿高跟鞋导致厌食”这个版本。不过，以“日本”、“儿童”、“鞋码”、“食欲”、“外周循环”这几个关键词的组合，分别用英文、日文进行普通搜索或学术搜索都没能够找到原始研究论文。

一个不靠谱的“常识”

高跟鞋让下肢血液循环不良似乎已经是个常识了，但这个“常识”却被研究证明并不是那么靠谱。2006 年，巴西科学家们把一些抱怨腿肿或是腿使不上劲儿的女性找来做实验，测量她们穿着高跟鞋（跟高 7 厘米）走路和走完停下来时下肢静脉的压力。令人出乎意料的是他们发现当女性穿上高跟鞋走路时，腿部肌肉的负荷更大，小腿肌肉在收缩舒张过程中的压力变化要比赤脚走路更大。不仅如此，当走完一定距离后停下来，穿着高跟鞋的被试者的小腿静脉压力更低[2]，而这些对于静脉血液回流而言都是有利的。

当然，并不是所有的研究都得到了一致的结果。在同样来自巴西的另一项实验中，研究者比较了赤脚、高 3.5 厘米的高跟、坡跟鞋以及高 7 厘米的高跟鞋几种不同情况下，小腿肌肉收缩时静脉回流的情况。但科学家们这次却从一些反映静脉功能的指标发现，与赤脚相比，鞋跟越高静脉回流就越不好，而且即便只是穿上 3.5 厘米跟高的鞋，这样的影响就已经存在了[3]。

如果仔细分析这两项研究，不难发现它们都是在穿高跟鞋走路和短时间静止这些情况下开展的。实际上，下肢长时间静止（久坐、久站）对下肢静脉回流的影响更大，这类情况下穿高跟鞋到底对静脉回流有何作用，暂时还没有相关研究可以考证。

在有关高跟鞋对下肢肌肉运动、静脉功能影响的研究里，并不能找到趋于一致的结论，但可以肯定的是很多以“常识”推测的结果与科学研究实际观察到的结果并不一致。高跟鞋对下肢血液循环的影响，保守地说还有待更深入的研究。与高跟鞋相比，长时间站立、糖尿病、超重等因素与下肢血液循环障碍的联系则明确得多，并有大量研究结果支持[4]。

血液循环与食欲

食欲受到了太多因素的影响，它一方面听令于大脑中枢（摄食中枢和饱食中枢），但同时也受到神经、激素（例如胃饥饿素）、精神和其他疾病的影响。但四肢血液循环障碍对食欲的作用却尚无直接证明。

一项来自泰国的小样本人群研究发现，足部按摩能够改善局部血液循环，同时它还能够减缓心跳和呼吸频率。研究人员推测足部血液循环可能是通过植物神经系统（例如迷走神经反射）来影响胃肠道蠕动和食欲[5]。不过这只是理论假说，而非实证，更不能因此推出“下肢血液循环不畅会使得摄食中枢供血不足”这样机制性的解释。

摄食中枢位于大脑下丘脑外侧区，与足部相距甚远，两者只能通过神经、激素或其他间接机制来建立联系。如果下肢血液循环真的能够对摄食中枢产生影响，那其究竟是导致摄食中枢缺血还是影响中枢相关激素分泌或是有其他作用，都是需要实验数据来证明的，毫无依据地选择相信某一种假说是不科学的。

结论：通过分析我们可以发现，这则流言最大的问题是在没有明确实验支持的情况下，“推测”高跟鞋可能对食欲有影响，并夸大其影响。对于大多数人而言，与其过分在意一些并没有被证明的细枝末节，倒不如平时多运动锻炼以及保持健康心态。这些生活方式的改变对保证良好食欲有着更为确凿的效果。

P. S. 跟高跟鞋相比，脚臭对他人食欲的抑制作用应该更确切吧。

P. S. 因本文主题关系，文中并未涉及高跟鞋本身对健康的不利影响，大量数据显示高跟鞋会改变足底受力分部，对于脚趾形态、骨骼形态是有着明显影响的。尤其对骨骼发育尚未完全的女性而言，应尽量避免长时间穿高跟鞋。

参考资料：

[1] 久穿高跟鞋可能会厌食. 人民网.

[2]Poterio-Filho J，et al. The Effect of Walking with High-heeled Shoes on the Leg Venous Pressure. Angiology，2006.

[3]Tedeschi Filho W，et al. Influence of High-heeled Shoes on Venous Function in Young Women. J Vasc Surg，2012.

[4]Bartholomew J R，et al. Varicose Veins：Newer，Better Treatments Available. Cleve Clin J Med，2005.

[5]Jirayingmongkol P，et al. The Effect of Foot Massage with Biofeedback：A Pilot Study to Enhance Health Promotion. Nursing & Health Sciences，2002.

要担心唇膏、唇彩里的重金属吗？

苏木七

流言：加州大学伯克利分校公共卫生学院的研究人员撰写的一份报告引发大家对唇膏、唇彩中重金属的担忧[1]，媒体纷纷报道“唇膏、唇彩被爆含有毒重金属存致癌隐患”、“涂重金属含量高的唇膏唇彩等于吃毒药？”这样的标题到底是博人眼球还是恰如其言？

真相

这篇发表在《环境与健康展望》（*Environmental Health Perspectives*）上的报告介绍了唇部彩妆中9种金属的安全限量及毒性，并估计了每日使用它们是否会带来健康风险，而非简单地说唇膏、唇彩有毒。

这项研究分为3步：

a. 检测唇膏、唇彩里的金属含量。

b. 结合产品的每天使用量，估计人体摄入的金属量。

c. 将每天摄入的金属量和一些已知的安全标准做比较。

研究方法

研究者调查并购买了十几名亚裔女孩日常使用的唇膏、唇彩品牌，包括 7 家公司生产的 8 种唇膏和 24 种唇彩。对每样产品分别取样后，采用美国国家职业安全卫生研究所（NIOSH）颁布的方法测定其中金属元素含量，包括铝、铬、镉、铜、锰、镍、铅、钴和钛。

实验调查了 32 种唇膏、唇彩产品中金属检出比例和平均值，单位：ppm（w/w）。数据表示每克样品里含有百万分之几克的金属。

计算产品每天使用量时，研究者采用的是 2005 年的一项对 360 名不同地域的美国女性的研究结果。她们每天平均使用 24 毫克产品，重度使用者每天约摄入 87 毫克。本次，研究者大胆假设了极端情况——产品里的所有金属都被人体摄入，相当于把涂在嘴唇上的唇膏、唇彩全吃下去了。

比较标准

美国并未对化妆品里的金属含量设定安全标准。为了评估这些金属的摄入量，研究者找了一些别的标准，用来计算这些金属每日允许摄入量。

对于铝、镉、铜、镍、铅，研究者采用了加州环境署制定的饮用水公共健康目标的标准[2]。每种元素的摄入量对应一个未发现副作用（NOAEL）或最低副作用（LOAEL）的值，高于此数值被认为是不安全的；计算每日容许摄入量

ADI时也将个体差异等不确定因子考虑在内，并假定使用者体重为50千克。ADI计算方法：

ADI= NOAEL或LOAEL / 不确定因子

对于铬的ADI计算参考了六价铬的致癌风险评估；锰没有相关的公共健康目标数据，采用了加州的暴露参考水平（Reference Exposure Level，REL），其ADI相当于吸入20立方米的空气里的锰。钴和钛则没有类似的参考数据，研究者也未作评估。

结果解读

要使化妆品里完全没有重金属是不可能的，重金属在自然界广泛存在，人们通过空气、饮水、食物接触到它们。化妆品里的重金属来源于生产原料，以及生产包装过程中混入的环境杂质。检出重金属不意味着需要恐慌，值得关注的是其含量是否在安全范围内。然而，目前并无一套统一的标准对化妆品中金属的安全性进行评价，这给各界人士都带来了困扰。

铅　不同产品中铅含量所对应的标准是不同的。例如，美国食品药品监督管理局（FDA）规定糖果中铅含量不得超过0.1ppm①，但未对化妆品做出规定。FDA曾解释说，这是因为前者糖常由儿童频繁食用，而后者仅供外用。本次被检唇膏、唇彩里的含铅量平均为0.36ppm，其中有47%的产品含铅量高于0.1ppm。鉴于铅对儿童的危害比成人严重，

① 1ppm相当于每千克中含1毫克。

该检测结果进一步警示人们，不要将唇膏、唇彩等化妆品给小孩子使用或玩耍。

不过从另一些标准来看，唇膏里的铅又不算超标。例如联合国粮农组织和世界卫生组织食品添加剂联合专家委员会2010年确定的铅“暂定每周耐受摄入量（PTWI）”为25微克/千克，以体重50千克计算，每天摄入铅的上限是178微克，远高于本次研究中重度使用者的每天摄入量（每天0.031微克）。当然这也不表示我们可以完全对唇膏、唇彩里的铅放心。目前公认的观点是，并没有一个安全铅摄入阈值，铅的摄入量越少越好。

欧盟不允许化妆品中含有铅（染发剂除外），而美国则未对此做出规定。也曾有组织呼吁FDA对相关指标建立法规。就此问题，果壳网对本报告的第一作者、加州大学伯克利分校公共卫生学院刘飒博士进行了采访。刘飒博士说：“作为研究者，我们不会（用这篇报告来推动立法）。研究的目的是发现真相以及事实后面事物之间的关系。研究者有义务和责任将研究的发现传达给公众以及政府部门。公共卫生政策不是我们研究小组的工作方向。”

镉　吸入镉与肺癌以及呼吸系统损伤相关，经口摄入可能引起肾脏和骨骼损害。动物实验亦表明，镉对年幼动物的伤害较大。本次只有47%的产品中检出镉，并且重度使用者每天的摄入量也低于每日容许摄入量ADI。考虑到镉也可能来自空气、食物和饮水等来源，研究者又引入20%ADI

作为比较点。在重度使用的情况下，有 10 款产品的含镉量超过了 20％ADI。

铬 六价铬是致癌物，吸入可导致肺癌，饮水摄入可增加胃癌风险。每天使用 24 毫克唇膏、唇彩的情况下，铬平均摄入量超过了 20％ADI，其中 10 款超过 ADI；每天使用 87 毫克的情况下，22 款产品会使摄入量超过 ADI，只有 3 种未超过 20％ADI。不过该研究并没有区分六价铬与毒性较小的其他形式的铬，产品中六价铬的比例并不清楚。总之，铬的高含量与六价铬需引起人们重视。

铝 铝并非重金属，只是大量摄入铝也是有毒的，也有检测的必要。每种产品中都检出了铝，其中一种产品在重度使用时会超过 ADI，且 63％的产品超过了 20％ADI。但考虑到消耗量，和食物里的铝相比，化妆品还是小巫见大巫了。或许我们更应留意一下食物中的铝。

锰 锰是人体必需微量元素之一，作为辅酶因子参与一些生化反应。但是职业暴露中吸入高浓度的锰可能会影响神经功能，饮水中的锰也可能影响儿童的神经行为。这显示经口摄入和吸入这两种不同的途径都会对人体造成损害，只是目前并没有相关的量化方法对比这两种途径的摄入量和作用效果，研究者假定这两种途径并无明显差异。按照吸入摄入量的标准，有 7 种产品的摄入量在每天使用 87 毫克时超过了 ADI。

铜和镍 有 72％和 97％的产品中检测到了铜和镍的存在，产品中它们的每日摄入量远低于 ADI。

钴和钛 目前，这两种金属没有可供比较的安全标准。

我们该弃用唇膏、唇彩吗？

如前所述，仅仅因为在化妆品中“检出”了重金属而恐慌，是没有必要的。我们呼吸的空气、喝进去的水、吃下去的食物都会“检出”一定量的重金属。我们的身体还需要一些必须的金属元素来进行生化反应。化妆品里有重金属并不可怕，重要的是其含量是否在安全范围内。

本研究采用了诸多假设，研究手段也有待改进之处[3]。

研究者假定涂上的唇膏、唇彩里的金属物质全被人体摄入，这在一定程度上高估了金属的摄入量。不是每个人都像贾宝玉一样喜欢吃抹在嘴上的“胭脂”。

研究者采取的样本处理方法并没有使样品完全溶解，这可能会导致其中的金属含量被低估。

因此还要进行更多的研究来准确评估通过唇膏、唇彩摄入的重金属量，以及它们对人体的影响。

对于镉、铬、铝和锰，研究结果暗示它们在唇部产品里的含量可能会对人体有害，不过还需要进一步研究以确定其浓度和安全范围。

从这项研究中得到的正面信息是，不管是联合国粮农组织和世界卫生组织的“暂定每周耐受摄入量”，还是更为严格的加州环境署制定的“饮用水公共健康目标标准”，唇膏、唇彩里的含铅量都是远低于标准的。就算该研究中铅含量被低估，转而考虑 2011 年 FDA 的研究数据，那么即使是含铅量最高（7.19ppm）的产品，按照加州环境署制定的标准，仍然在 ADI 范围内。当然，如果考虑 20%ADI，还是有不少产品超过这一数值的，FDA 的数据在选择唇膏时可作为参考。

结论：研究者自己也承认，这只是一项初步的、探索性的研究，并无必要因为这一结果而弃用唇彩、唇膏，每天正常使用两到三次并无大碍，要注意的是一天用好几次每次涂很多的重度使用者。不管怎样，少用总是明智的。我们没法通过少呼吸点空气、少喝点水来减少重金属的摄入量，至少可以少用点含重金属的彩妆产品。

无色润唇膏会含有较少的有毒金属吗？刘飒答道："'金属痕迹无处不在、无法避免，比如空气中、水中与食物中，'个人护理用品协会（PCPC，一个化妆品行业协会）的工作人员是这么说的。如果这是真的，那就难以猜测润唇膏中的金属浓度。"

参考资料：

[1]Sa Liu，S Katharine Hammond，Ann Rojas-Cheatham. Concentrations and Potential Health Risks of Metals in Lip Products. Environ Health Perspect，2013.

[2]食物环境卫生署食物安全中心. 食物中铝的含量. 2009.

[3]FDA. Lipstick & Lead：Questions & Answers.

自测化妆品的抗氧化能力，靠谱吗？

瑞可

流言：在美容网站和杂志上，我们经常会看到各种化妆品评测，比如说抗氧化能力测试。最常见的方法是使用苹果或者碘酒。苹果测试是这样的：苹果对半切开，把待评测产品涂在切面上，苹果变黄速度慢说明产品抗氧化性好。碘酒测试则是更专业的升级版测试：碘酒加入水中，配成淡棕色的碘酒水溶液，然后将一小勺产品加入碘酒水溶液中，很快碘酒水溶液的淡棕色褪去。褪色越快，产品抗氧化能力越好。

真相

这类评测可信吗？在回答这个问题前，我们还是先来了解一下抗氧化是怎么回事，与皮肤又有什么关系。

化妆品行业中最早所指的“抗氧化”是指通过抗氧化剂来保持料体的稳定性。例如，很多植物油含有不饱和的双键，会被氧气氧化而酸败变质；很多活性成分，如维 A 醇等，在有氧气的条件下不稳定，也需要抗氧化剂来稳定活性。常用的抗氧化剂包括亚硫酸钠，BHT（Butylated

Hydroxytoluene，2，6-二叔丁基-4-甲基苯酚）等。

随着化妆品行业的发展，“皮肤需要抗氧化”的概念被引入了。人们将食品及医药行业中的抗氧化剂加入到化妆品中，通过外用来增强皮肤的抗氧化能力，希望达到更好的美白和抗老化能力。这源于与衰老相关的自由基理论。自由基学说的创始人哈曼（Harman）认为衰老与体内氧自由基过多和（或）清除能力下降密切相关，自由基直接决定人体的健康及衰老。人体清除自由基的能力也就是抗氧化能力。同时，年龄越大，人体抗氧化能力就越低。

自由基是指游离存在的，带有不成对电子的分子、原子或离子。自由基的种类是相当多的，与人体衰老有关的氧自由基主要包括超氧化物自由基、过氧化氢、羟基自由基、单线态氧、过氧化脂质等 5 类[1].

鉴于过量自由基对人体的危害，如何清除这些自由基就很重要了。这些清除自由基的物质就称之为抗氧化剂。人体抗氧化剂有多种，比如维生素 E、维生素 C、酚类化合物（黄酮、单宁等）、辅酶 Q10、硫辛酸，等等。随着老龄化社会的到来，可以说，化妆品行业对抗氧化性也来越重视了。

用苹果测抗氧化力靠不靠谱？

苹果中含有重要的抗氧化剂——多酚[2]。多酚被氧化后会变色，所以如果切开的苹果变黑变得越慢，就说明化妆品中的抗氧化剂越强。真的是这样吗？

首先，并不是所有的抗氧化剂都能让多酚不变色。产品中的抗氧化剂以及苹果中的多酚这两种抗氧化剂它们两个，哪一个的还原性更强，哪一个就先跟氧气反应。并且，活性比苹果中的多酚弱或强，并不能表现它在人体皮肤上真正的抗氧化能力的强弱。一种没能阻止多酚变色的抗氧化剂，仍然有可能在皮肤上发挥作用。

其次，实验中测试的是多酚与氧气结合的能力，而不是自由基。前文提到过，对皮肤有伤害的自由基有多种，氧气只能算它们的起源。真正需要直接对抗避免氧气的，是化妆品料体中那些保护易被氧化的成分的物质，比如植物油等。而人体需要的抗氧化性能，更多的是要考虑到如何清除对人体有害的自由基。

其实，使用产品后，苹果变色更慢，主要原因是产品限制了苹果与氧气的接触，使多酚与氧气的反应减少，或者更加良好的保湿能力使苹果果肉细胞饱满，维持原来的鲜活状态。因此，所谓的苹果测试中提到的的抗氧化能力实际上是保湿和隔绝空气的能力。果壳编辑曾自己亲手做了一个实验，发现在切开的苹果上滴不属于抗氧化成分的甘油和矿油，也能延缓苹果的变黑，效果非常明显，这使“用苹果检测化妆品抗氧化能力”的不靠谱实验不攻自破。

碘酒评测抗氧化力靠不靠谱？

再回到“用碘酒评测抗氧化力”上来。将几滴棕红色的碘酒滴于水中，溶液为淡棕色，这是碘（I_2）的颜色。然后，将少量化妆品料体加入到水中，可以看到碘酒溶液的淡棕色很快褪去，因为料体中的还原剂将碘单质还原成了无色的碘离子。

在这个氧化还原反应中，料体中只需提供还原剂就可以了。确实，一些抗氧化剂可以作为还原剂参与反应，比如笔者曾在实验室中用过非常少量抗坏血酸磷酸酯钠（水溶性维生素 C 衍生物，用于抗氧化和美白）就将碘酒水溶液轻易还原为无色透明溶液。

将碘酒滴到化妆棉上，也能完成这个“测试”，道理相同。

那这个实验能证明化妆品的抗氧化能力吗？回答为否。实验至少存在如下 3 个不靠谱之处。

不靠谱之一：氧化还原反应不能代表清除自由基的抗氧化能力。

化妆品中抗氧化剂应该作用于自由基，因此要模拟抗氧化能力，理所当然地需要提供自由基，但在碘酒实验中，没有一种物质能够提供前文所说的 5 种自由基中的任何一种。用碘充当自由基，这是偷换概念。

不靠谱之二：只考虑水溶性成分，没有考虑油溶性成分。

很多抗氧化剂是油溶性的，比如大家比较熟悉的维E醋酸酯。在碘酒实验的环境下，油溶性成分并没有机会与水进行充分反应。因此，即使此实验能用于检测抗氧化剂（虽然不靠谱之一的1个错误就足以说明其不科学性），也无法显示众多油溶性抗氧化剂的作用。

不靠谱之三：没有考虑其他成分能影响颜色。

除了还原剂外，另外一些成分比如三乙醇胺、一些乳化剂等，也会慢慢使碘酒变色。而更有意思的是，化妆品中添加的变性淀粉（用于增稠或肤感调节），还能使碘酒溶液变为淡蓝色。所以用变色来评价由众多成分组成的化妆品体系是有问题的。

碘酒实验中被还原的不是自由基，忽略了油溶性抗氧化成分，且有可能被其他成分干扰，因此用它测试产品的抗氧化能力，是极度不靠谱的。

化妆品行业如何测抗氧化性？

化妆品行业中常用的方法有很多，如使用邻苯三酚自氧化法测定清除超氧阴离子能力[3]、水杨酸法测定清除羟基自由基能力[4]、DPPH法测定清除DPPH自由基能力[5]，等等。除了化学分析方法外，还有一些基于细胞的抗氧化测试方法，通过使用皮肤相关细胞或红细胞的抗氧化性能来检测抗氧化效果。在人活体上测试的方法更可靠，因此有提取使用产品前后皮肤角质层细胞来测定抗氧化能力的方法[6]。最靠谱的还是临床测试，用各种手段评估使用抗氧化产品的最终效果。

结论：流言粉碎。使用碘酒或者苹果来评估化妆品的抗氧化能力所得到的结果，基本上都不足为信。目前国际上针对化妆品的抗氧化性测试，也没有一个很简洁的直接的方法。真正行业内对于化妆品抗氧化能力的检测，大都采用相对复杂的化学分析方法或者生物学方法。专业的问题还是交给专业人士去解决吧。

参考资料：

[1]Veronique Jay etc. New Active Ingredient for Aging Prevention . Cosmetics & Toiletries，1998.

[2]傅琼颖，乐国伟，等. 不同品种苹果中多酚含量及其抗氧化活性研究. 安徽农业科学，2011.

[3]郭雪峰，岳永德，汤锋，等. 用清除超氧阴离子自由基评价竹叶提取物的抗氧化能力. 光谱学与光谱分析，2008.

[4]陈纯馨，陈忻，刘爱文，等. 绞股蓝抗自由基成分的提取和性能测定. 食品科学，2008.

[5]Nikolaos Nenadis，Maria Tsimidou. Observations on the Estimation of Scavenging Activity of Phenolic Compounds Using Rapid 1，1-diphenyl-w-picrylhydrazyl（DPPH.）Tests JAOCS，2002.

[6]Paola Ziosi，Elena Besco，Silvia Vertuani etc. A Non-invasive Method for Thein Vivo Determination of Skin Antioxidant Capacity. Skin Research and Technology，2006.

用诺贝尔奖技术包装的护肤“神”品

helixsun

流言：有这么一个现代行业，一直在不断地宣传应用了获得诺贝尔奖的技术和发现。这个行业就是护肤品行业。可是这些被护肤品行业声称的“诺贝尔奖技术”真可以达到广告中宣称的效果吗？

真相

在具体介绍之前，必须要说的是护肤品的监管更注重安全性，能否达到宣传的功效并不像药品要求的那么严格。对于护肤品广告的管理，一般只要不宣称类似药品的功效就可以了。不过美国 FDA 就曾要求欧莱雅旗下品牌兰蔻修改其广告，否则可能采取诸如没收产品、对生产厂商和销售商实施禁令等行动[1]。原因就是因为其广告中宣称的一些护肤产品能够“提升基因活力”，“改善干细胞周边环境，刺激细胞再生”或“临床证明，显著改善紫外线损伤肌肤的皱纹”。中国国家食品药品监督管理总局也有类似的规定，禁止化妆品使用“细胞再生，增强皮下组织新陈代谢，去除皱纹”等使人误解其效用或宣传医疗作用的广告语[2]。正因为对于护肤品广告宣传的监管力度相对较松，护肤品就很喜欢用诺贝尔奖来做卖点，是不是如广告中那么有效就不是护肤品厂商关心的了。

下面按时间线索解析一下被护肤品“应用”了的诺贝尔奖。

1986年诺贝尔生理学或医学奖——表皮生长因子

1986年度诺贝尔生理学或医学奖授予神经生物学研究工作中做出杰出成绩的两位生物科学家，丽塔·列维-蒙塔尔奇尼（Rita Levi-Montalcini）和斯坦利·科恩（Stanley Cohen），用以表彰他们在外周神经组织和脑内发现并证实的对神经细胞生长、发育和维持具有重要意义的神经生长因子（NGF）及另一种生长调节蛋白表皮生长因子（EGF）。

在人体，表皮生长因子（EGF）是一种53个氨基酸组合的质量约6000道尔顿的蛋白质，对调节细胞生长、增殖分化起着重要的作用。它主要是通过和细胞表面的受体表皮生长因子（受体）结合，通过一系列的信号传导，最终诱导DNA（脱氧核糖核酸）合成和细胞增殖。

从表皮生长因子发挥作用的原理不难看出，要想发挥作用必须结合在可增殖的细胞膜上。而角质层细胞甚至颗粒层细胞都没有细胞核，已经不能够分化增殖了。想要表皮生长因子透过表皮吸收又有相当的难度，一般分子量大于500道尔顿就很难透皮吸收了[3]。正因为这样，表皮生长因子在医疗上被用于治疗难愈合的创面，减少和预防手术疤痕。这些应用可以直接接触到表皮基底层细胞。

健康肌肤外用表皮生长因子是没有效果的，最多起到蛋白质的保湿作用。那么对于痤疮或者受损的皮肤会不会很有效呢？医院在美容手术后往往会用到表皮生长因子冻干粉来预防疤痕，促进伤口愈合。这又成了护肤品厂商的切入点，宣传其含有表皮生长因子的产品适合敏感受损的肌肤使用。其实这基本是不可能完成的任务。就算其产品中添加了足够的表皮生长因子，产品的保存状态并不能保证其活性。要知道表皮生长因子冻干粉室温保存 5 天左右就会失去活性，溶液在 2℃～8℃存放也就只有 7 天的保质期。

那么自己买来所谓表皮生长因子的冻干粉，自己溶解了马上使用会不会有效呢？我们不建议这样去做，毕竟表皮生长因子冻干粉是属于处方药管理的，需要在医生指导下使用，并且使用时要做到尽量避免污染。我们手上、容器上会有大量的蛋白酶存在，很容易降解表皮生长因子使其失活。

1996 年诺贝尔化学奖——富勒烯

1996 年，三位化学家罗伯特·苛尔（Robert Curl）、哈罗德·克罗托（Harold Kroto）和理查德·斯莫利（Richard Smalley）因富勒烯的发现获诺贝尔化学奖。富勒烯是地球上除石墨、金刚石、无定形碳之外的碳同素异形体。因为其独特的化学、物理性质被认为在材料学、电子学、纳米技术等方面具有广泛的应用潜力。

因为富勒烯具有亲和自由基的性质，日本护肤品厂商率先将富勒烯应用在产品中，宣传具有对抗自由基的作用。这方面的科研文献还真不少，就有效性来说，体外细胞实验有一定的说服力，可是临床试验的样本少得可怜，而且多为渗入效果的实验。用脂质包裹富勒烯可以渗入到角质层，但是无法到达真皮层。这就无法对抗发生在真皮层由自由基引起的胶原蛋白、弹性蛋白损伤，最多只能增强防晒产品的效果，减少紫外线引起的自由基增多。用角鲨烷做对照的小样本临床试验，表明富勒烯缓解皱纹的效果并没有显著的差异。不过正因为无法透皮吸收到全身，其应用在护肤品中的安全性还是有一定保证的。并且有研究表明富勒烯不会引起刺激和敏感[4]。

美国化学学会出版的《化学化工新闻》曾就富勒烯纳米颗粒应用于护肤品安全性不明有过报道。记者采访了罗伯特·苛尔，这位诺贝尔奖得主回应说："我宁愿采取保守的态度，在无法切实判断其优点和缺点之前避免使用这类护肤品。[5]"对于实际效果并不明显的富勒烯护肤品，花大价格去购买似乎不是一个理智的选择。

2003 年诺贝尔化学奖——水通道蛋白

2003 年诺贝尔化学奖授予美国科学家彼得·阿格雷（Peter Agre）和罗德里克·麦金农（Roderick MacKinnon），

分别表彰他们发现细胞膜水通道，以及对离子通道结构和机理研究做出的开创性贡献。水通道蛋白主要负责水分子在细胞膜内外的转运，一些通透性较好的水通道蛋白也可以通过甘油、尿素等小分子物质。

在人的表皮上发现的水通道蛋白是 AQP3，从基底层到颗粒层均有表达，但在角质层下方开始消失。AQP3 的空间分布和含水量有关，基底层、有棘层、颗粒层含水量基本在 75%，而角质层理想的含水量为 20%～35%。皮肤表面相应的 pH 值则是 5.5 左右，角质层以下 pH 值为 7.4。因此推测 AQP3 水通道对 pH 值敏感，可能被酸性 pH 值所抑制。这也就可以解释为什么皮肤表面的角质层有较强的防水性，颗粒层和角质层含水量的不一致对维持表皮结构非常重要[6]。

有了这些基本的概念，对于宣传从外激活水通道蛋白增加皮肤含水量的护肤品宣传我们应该能有所免疫。分子量达到两万多道尔顿的水通道蛋白是不能透过角质层的，也不可能结合在角质层上让角质层含水量提高。如果真的通过水通道蛋白提高了角质层的含水量，也只会破坏皮肤的正常结构。

那么，有没有什么方法提高表皮除角质层之外其他各层中水通道蛋白的含量，使皮肤维持较高的含水量呢？还真有品牌做这方面的宣传，是采用一种叫做甘油基葡萄糖苷（Glyceryl Glucoside）的成分，当然商品名用的不是这个。

有关它的研究表明它可以透过角质层并且增加 AQP3 水通道蛋白的表达，增强皮肤的屏障功能[7]。不过，该研究是提供这种成分原料的研究所做的，并不是第三方实验。而且有关的研究不多，临床样本也很小。可以说这种途径有潜力，但是还需要更多的研究。

2004 年诺贝尔化学奖——泛素

2004 年，阿龙·切哈诺沃（Aaron Ciechanover）、阿夫拉姆·赫什科（Avram Hershko）、欧文·罗斯（Irwin Rose）因发现了泛素调解的蛋白质降解过程而获得了诺贝尔化学奖。泛素是一种存在于大多数真核细胞的蛋白质，分子量约 8500 道尔顿。它的主要功能是标记需要分解掉的蛋白质，泛素和泛素结合蛋白结合后锚定在目标蛋白上，有泛素标记的目标蛋白质移动到桶状蛋白酶时，该目标蛋白就会被蛋白酶分解为较小的多肽、氨基酸以及可以重复使用的泛素。

其实用泛素做宣传的护肤品并不多，我们只看到有一种宣传海链藻提取物的成分提到过泛素。查不到相关的研究文献，只有零星的网页介绍这种提取物是泛素结合蛋白的一种。相信看了前面的内容，要想识破这个海链藻提取物并不难。作为大分子的蛋白质首先就无法透过角质层吸收，即使吸收也无法保证其活性，即使有活性它怎么确定目标蛋白呢？要是结合到真皮层的胶原蛋白、弹性蛋白上岂不是皮肤皱纹越来越多、弹性越来越差了吗？这些问题都需要实验研究来解答，可是现在根本没有，你敢用这样的产品吗？

2009年诺贝尔生理学或医学奖——端粒和端粒酶

2009年，加州大学旧金山分校的伊丽莎白·布莱克本（Elizabeth Blackburn），约翰霍普金斯大学的卡罗尔·格雷德（Carol Greider），以及哈佛医学院的杰克·绍斯塔克（Jack Szostak），因为揭示了“染色体如何被端粒和端粒酶保护”而获得当年的诺贝尔生理学或医学奖。这个发现被宣传为“揭示了衰老和癌症的秘密”颇有些为了吸引眼球的味道。端粒酶负责自催化以及端粒的复制，端粒在染色体的末端起到保护作用，补偿染色体复制过程中的末端隐缩，保证染色体的完整复制。而端粒每次分裂都逐渐缩短，细胞寿命（分裂次数）受到端粒的限制，随着端粒的缩短，细胞逐渐丧失分裂的能力。因此认为延长端粒或保护端粒可以延缓衰老。

有一些护肤品提出黄芪提取物被称作AT-65的成分可以激活端粒酶防止端粒变短，这样就可以延缓衰老。也有不多的动物实验和体外细胞实验支持它对于端粒酶的激活作用。而针对端粒酶及其临床应用前景的综述文献认为，还需要更多的研究来证明产品的安全性，激活端粒酶延长端粒有可能引起癌变[8]。其实端粒酶的缩短只是指示衰老的一个表征，而并非引起衰老的原因。在生理条件下，端粒缩短并不是引起衰老的原因。有实验将小鼠的端粒酶破坏，小鼠并不会提前衰老，生殖能力也不受影响[9]。

2012 年诺贝尔生理学或医学奖——干细胞

2012 年英国发育生物学家约翰·格登（John Gurdon）与日本医学家山中伸弥（Shinya Yamanaka）因为对干细胞和诱导多能干细胞的研究获得了诺贝尔生理学或医学奖。约翰·格登首次证实了已分化细胞的基因组可以通过核移植技术将其重新转化成为具有多能性的干细胞。而山中伸弥则是在 2007 年证明通过基因重组人类的皮肤细胞可以恢复多能的干细胞状态。

简单说，干细胞是指原始未分化的细胞，它们具有分化成其他特化细胞的能力。主要分为成体干细胞和胚胎干细胞。而这次获得诺贝尔奖的技术是通过基因重组的技术使已经分化的细胞恢复到干细胞状态，使其具有再次分化的能力。这项技术被认为对治疗糖尿病、脊髓损伤、帕金森病等具有巨大的潜力。不过目前这项技术短时间内还无法进入临床应用。（可以参读《山中伸弥：逆转生命程序》）干细胞技术的临床应用都还只是美好的憧憬，正在进行基础医学研究。对于国内泛滥的干细胞治疗，卫生部 2012 年年初明确规定禁止未经批准进行的干细胞治疗。《自然》杂志也关注到中国的非法干细胞治疗乱象，进行过专门的报道。

外用在面部的所谓干细胞，不可能是真正的干细胞。因为分离、培养干细胞需要尖端的技术，还没有机构大规模生产。做成了冻干粉、精华液的干细胞，已经是死细胞何谈分化能力？就算是真的有活性的干细胞，注射有可能引起排异和过敏，外用也只有保湿的功能。

有些产品宣传的所谓苹果干细胞等植物干细胞，更是玩弄广告文案的高手。对于植物而言，很多部位的细胞都有再分化的能力。笼统一些说，植物细胞都具有全能性，在一定条件下都具有可以恢复分化成其他细胞的能力。而这一点人的细胞就很难做到。如果非要说植物干细胞，那应该是指顶端分生组织和根尖分生组织。

植物干细胞对于人的皮肤完全没有作用。植物干细胞既不能分化成人的皮肤细胞，也不可能促进人的皮肤细胞不断分化。（更多内容，请看果壳网“植物干细胞真能延缓皮肤衰老?”）

另外，现在有一些商家抽取血液离心，然后把血清涂在面部，号称可以去除皱纹，增加皮肤弹性。血清中的主要成分是氨基酸、生长因子、激素和结合蛋白等。自体抽提再注射虽然可以不用担心免疫排斥，但是操作的条件就算是美容院都存在很大风险。抽血、离心、再注射，一些商家宣称还要体外培养几天。这些都不是美容师能够胜任的操作，每一个步骤都可能造成微生物污染。污染的血清再进行皮下注射引起的问题小则过敏大则有可能危及生命，奉劝美容发烧友不要玩火。

结论：现在护肤品的广告宣传，很像雾里看花，即使是生物技术专业的人看也会一头雾水，天真地认为原来还在努力研究的护肤品领域已经一举突破了。一般消费者更是除了觉得高深就剩下掏腰包的份儿了。殊不知这些借着诺贝尔奖名头宣传的护肤成分都还是水中月，虽然看上去很美但实际功效都很可疑。作为一个理性的消费者，可以了解一下这些广告宣传后的真相再做出选择。

参考资料：

[1]Lau W M，White A W，Gallagher S J，et al. Scope and Limitations of the Co-drug Approach to Topical Drug Delivery. Curr. Pharm. Des.，2008.

[2]中华人民共和国卫生部：化妆品卫生监督条例。

[3]Review of Fullerene Toxicity and Exposure-Appraisal of a Human Health Risk Assessment，Based on Open Literature.

[4]Bethany Halford. Cosmetics Containing C60 Nanoparticles Are Entering the Market，Even if Their Safety Is Unclear. Chemical & Engineering News，2006.

[5]Frédéric Bonté，Emmanuelle Noblesse，Miléne Juan，Jean Marc Verbawatz，Marc Dumas. 水通道蛋白对人体皮肤重要性的研究. 中华皮肤科杂志，2009.

[6]A Schrader，et al. Effects of Glyceryl Glucoside on AQP3 Expression，Barrier Function and Hydration of Human Skin. Skin Pharmacol Physiol，2012.

[7]Alyssa A Sprouse, et al. Pharmaceutical Regulation of Telomerase and Its Clinical Potential. Journal of Cellular and Molecular Medicine, 2012.

[8]Blasco M A, Lee H W, Hande M P, et al. Telomere Shortening and Tumor Formation by Mouse Cells Lacking Telomerase RNA. Cell, 1997.

第二章

和你的里子好好谈一谈

磨牙是因为肚里有蛔虫？

林竹萧萧

流言：夜里磨牙，肚里（蛔）虫爬。

真相

上述说法在民间广为流传。一些育儿网站甚至仅因为小儿磨牙就建议服用驱虫药。是否真相就是如此？咱们今天不妨来一探究竟。

磨牙症是什么？

磨牙的现象在口腔医学里称为磨牙症（Bruxism），顾名思义，它是指睡眠时会习惯性地磨牙，甚至在白天也无意识磨牙的习惯。

绝大多数情况下，磨牙的发生都同时伴随“唤醒反应”（睡眠深度突然改变，睡眠者可能突然醒来或者睡眠深度变浅，同时可能伴随肢体运动、心律呼吸增快等生理变化），因此夜间磨牙症也被认为是唤醒反应的一部分[1]。

为什么会磨牙？

当神经传导通路的协调功能出现紊乱时，肢体就有可能出现不自主运动。目前认为，基底神经节功能紊乱以及中枢神经系统递质分泌异常可能是磨牙症的重要神经生物学机制。一些干预神经递质代谢的药物的确会对磨牙症造成影响。[1]

对于成人磨牙症，心理、精神因素对神经系统的影响一直被认为是导致其发生的主要原因。多因素分析研究显示，生活压力过大是磨牙症的显著危险因素。因此，有较多心理问题，容易发生抑郁、应激障碍的人，更有可能成为磨牙症患者。

除了心理因素，咬合不正、咬合干扰以及一些全身性疾病（如过敏、内分泌紊乱、营养不良，以及消化系统疾病等）都被认为可能导致磨牙症的发生[2]。不过到目前为止，这些研究都难以得出肯定性的结论，导致磨牙的原因仍众说纷纭。

儿童磨牙与肠道寄生虫

有别于成人磨牙症，对儿童磨牙的讨论通常会特别提到寄生虫的问题。尽管各地区发病率有所不同，但总体约有30%的10岁以下儿童有磨牙的问题[3]。由于儿童同时也是肠道寄生虫病的高发人群（发展中国家尤甚），所以民间可能是因为这二者相似的高发率而将它们联系到了一起。

实际上不仅仅是民间传言，早在20世纪60年代就有观点认为“肠道寄生虫病可能是磨牙致病因素之一”；80年代有学者提出“肠道寄生虫是磨牙的危险因素”的说法，并认为如果对蛲虫病加以防治的话，“可能”可以减少磨牙的发生概率[4]。尽管这个观点提出已有二三十年的时间，但与之相关的临床研究并不多。检索医学数据库（PubMed），只找到2篇与这个话题直接相关的对照研究。

其中一项研究发表于2008年。在巴西，大约有10%～20%的儿童感染有肠道寄生虫。巴西科学家们选择了近2个月内没有服用驱虫剂的儿童进行对照研究，发现磨牙的孩子得肠道寄生虫病的概率与无磨牙症的孩子并无显著差异，均为30%～40%[2]。

2010年发表的另一项研究中，伊朗研究人员对100名幼儿园小朋友进行对照研究。结果显示，磨牙与不磨牙儿童的“总体”肠道寄生虫感染率无明显差异（22%∶16%），该结果与第一项研究类似；但是磨牙儿童的消化道致病性寄生虫①感染率要显著高于无磨牙症的儿童（22%∶6%）[4]。

由于寄生虫研究具有很强的地域性，所以在探讨这个问题时，如果能有中国儿童的研究数据将更具意义。但很可

---

① 人体内的寄生虫分两类，一类称为非致病性寄生虫，在正常情况下并不对人体健康造成危害，如结肠内阿米巴（*Entamoeba coli*）、微小阿米巴（*Endolimax nana*）等；另一类是致病性寄生虫，指的是会对人体造成健康危害的寄生虫，儿童人群中最为常见的有蛲虫（*Enterobius vermicularis*）、兰氏贾第虫（*Giardia lamblia*）[4]。

惜，PubMed 中未找到直接相关的来自中国的对照研究。在中文医学数据库中，有一项针对儿童磨牙的回顾性研究中提及了寄生虫感染率，但由于该研究中儿童“近半年内均正规服用驱虫药”，68 例磨牙儿童的寄生虫检测结果全部为阴性[5]，因此并不能表明儿童磨牙与寄生虫是否存在相关性，并且由于缺乏对照，更无法探究其因果性。

磨牙就驱虫，不可取

看过国内外一些研究资料之后，我们不妨再来分析一下问题本身：磨牙是否意味着肚子里有蛔虫呢？尽管在两项国外研究中，儿童肠道寄生虫的感染率都不低，但其中仅有一例儿童患蛔虫病感染，而且该儿童并无磨牙症[2][3]。因此“夜里磨牙是因为肚子里有蛔虫”这样的说法是没有得到证实的。

当然，可能在民间的说法中，“蛔虫”一词并不仅指蛔虫，而是代表了所有的肠道寄生虫。但上述两项研究对此也并没能给出明确的结论。

首先，这两项研究都得出总体寄生虫感染率与磨牙无关，而伊朗研究得出的“致病性寄生虫可能与磨牙症有关”的结论很有启发性，不过并不能因此就认为“致病性寄生虫会导致磨牙”。加上这项研究没有说明调查对象是否使用驱虫药，这个细节可能会对结果产生巨大的影响，使得结果的可靠性下降；其次，这些研究都仅关注了磨牙与非磨牙人群中的寄生虫感染率，如果能从肠道寄生虫感染与非感染人群的磨牙症发生率的角度来分析会更全面。可见，想要确切回答这一问题，恐怕还需要更多、更优质、更有针对性的研究。

因此，用磨牙来推测儿童是否感染寄生虫，甚至指导驱虫药的使用是很不可取的。目前，肠道寄生虫的检验手段成熟准确，到医院做检查，在医生指导下用药更为稳妥。至于磨牙症，如果严重的话会对健康不利，因此最好也去医院寻求缓解之道。

结论：虽然依据目前的证据并不能得出“磨牙一定与肠道寄生虫无关”的结论，但仅凭借磨牙症状就胡乱使用驱虫药物是绝对不可取的。目前检验肠道寄生虫的手段已经很成熟准确，到医院做检查，在医生指导下用药更为稳妥。如果遇到严重的磨牙问题，也不妨去医院寻求帮助。

民间还流传一些检测蛔虫的偏方，例如说“指甲上有坑就是有蛔虫”，或者把面部、指甲上的白斑称作“蛔虫斑”，作为蛔虫检测的依据。这些方法并不靠谱，现代医学也都不支持。

小贴士：

磨牙症的危害与防治

尽管“发声”者自己不一定能听到，但磨牙的声响独一无二，令“听者”难忘。不过人们之所以关注磨牙绝不仅仅是因为半夜惊悚的声响，而是因为其确实对健康不利。

磨牙可能引起牙齿的磨损、畸形甚至断裂。除了牙齿本身的问题，磨牙还可能导致颞下颌关节紊乱病（主要症状包括开闭口运动异常、弹响，关节周围疼痛，头颈痛等）、耳部等不适或牵涉痛；还可能对患者本身及伴侣的精神状态造成影响（患者是累的，伴侣是被闹的）[6]。

针对磨牙症的治疗主要目的在于缓解疼痛，减少口腔破坏，预防磨牙发生。如果磨牙症状较轻，应该注意避免生活中的压力因素，调整生活方式给自己减压；如果症状进一步持续且无好转时，应当及时寻求专业医疗帮助，心理咨询、口腔咬合干预、药物辅助等多种手段都能够取得较好的疗效[1]。

参考资料：

[1]Shilpa Shetty，et al. Bruxism：A Literature Review. J Indian Prosthodont Soc，2010.
[2]Diaz-Serrano，et al. Is There an Association between Bruxism and Intestinal Parasitic Infestation in Children? Journal of Dentistry for Children，2008.
[3]Ahmad R. Bruxism in Children. J Pedod，1986.
[4] Tehrani，et al. The Correlation Between Intestinal Parasitic

Infections and Bruxism Among 3-6 Year-old Children in Isfahan. Dent Res J，2010.

[5]毛伟长. 儿童夜间磨牙原因探讨. 实用医学杂志，2003.

[6]NIH. Bruxism：Teeth Gyiding and Clenching.

饭后运动是健康大忌吗？

箫汲

流言：从小时候起，大人就一直教育我们，吃完饭以后不能马上运动，至少要等半小时以上，否则会引起消化不良。

真相

长久以来，我们大多数人都对这一说法深信不疑。不仅自己严格恪守饭后不能马上运动的守则，在我们自己当上父母以后，也会以此来要求自己的孩子。但是饭后半小时不能运动的定律真的科学吗？这是关于健康的真相，还是又一个都市传说呢？

空腹运动要不得

在不清楚真相的情况下，很多人选择宁可信其有不可信其无。殊不知遵守“饭后不能运动”的生活准则也有潜在的风险。对于忙碌的现代都市人来说，如果恪守饭后不能运动的“准则”，可能就很难抽出时间来运动了。而且饭后不能运动的说法可能还会造成一些人选择不吃饭直接去运动，容易造成“空腹运动”的情况，而空腹运动很容易造成低血糖发作（尤其对糖尿病人来说），反而增加了运动时发生危险的可能。因此在饭后什么时候运动的问题上，“宁可信其有”未必是最好的策略。

消化不良是怎么回事？

言归正传，要探讨饭后运动会不会引起消化不良，首先要对消化不良这一疾病有所了解。消化不良是指一种慢性的、反复发作的上腹部疼痛或不适感，用通俗的话来说就是胃老是痛或不舒服。“胃不舒服”是一种非常笼统的说法，很多人能表达出自己不舒服的感受，却很难具体描述出“哪里不舒服”。因此医生对消化不良的情况进行了非常详细的分类，包括早饱、餐后饱胀不适、胃部疼痛和胃部烧灼。消化不良的病人可以同时有一种或多种症状。消化不良的发病率非常高，一般估计人群中有25%的人都患有消化不良[1]，美国每年都有9%的从未有症状的人新发现消化不良[2]。由于只有约10%的消化不良病人会去医院就诊，因此实际发病率可能比这个估计的数据更高。

可以发现，对消化不良的病人来说，餐后本来就可能发生饱胀不适感。当这类病人饭后运动出现消化不良的症状时，可能会对此印象深刻，而将其归咎于饭后运动，殊不知进餐本来就会诱发消化不良的症状，很有可能和运动没有任何关系。虽然这只是一个推论，但是当我们总结医学界对消化不良的病因或诱发因素的认识时，就会发现，认为运动或饭后运动会引起消化不良的观点是缺乏依据的。很多胃和食管的疾病会引起消化不良，包括胃和十二指肠溃疡、消化道肿瘤等。

另外，还有一些无法找到明确病因、在胃肠道无法找到明确病灶的消化不良，医学上称之为功能性消化不良（FD）。虽然无法确知病因，但是目前已知有一些因素与功能性消化不良的发病有明显的相关性。比如幽门螺杆菌感染、吸烟、饮酒、服用解热镇痛药（NSAIDS）和精神压力大，等等，目前仍没有证据证明运动或饭后短时间内开始运动与功能性消化不良存在相关性。

值得说明的是，上面谈论的功能性消化不良，患者通常至少要有 6 个月以上的腹痛、腹部不适的病史，是一种慢性的消化不良症状。对于那种偶尔发生的短暂腹痛、饭后腹胀的症状，医学上称为“急性自限性消化不良”。这种情况就像感冒一样，因为一些因素诱发发病，即使不吃药也能很快痊愈。已知可能诱发急性自限性消化不良的因素包括食物过敏、食物中毒，服用解热镇痛药、二甲双胍，急性胃肠炎等。同样，没有证据表明这一类消化不良可以被运动或饭后短时间内开始运动所诱发。

饭后运动，因人而异

即使不考虑缺乏证据支持，“饭后不宜运动”的理论基础也经不起推敲。通常认为饭后不能立即运动的原因是吃完饭后人体的血流会集中到胃，用以消化食物。如果此时开始运动的话，血液会流到骨骼肌，胃的血液供应就减少了，因此引起消化不良。且不论增加骨骼肌的血供是否会引起胃血流量的减少，也不论胃血流量减少是否与消化不良有关。如果胃在工作的时候不能运动的话，而胃内的食物通常要经过4～6个小时才能彻底排空，那么饭后不止半个小时，而是数个小时之内都不能运动了。果真如此的话，恐怕大多数运动的人都“犯了错”，在不适合的时间运动了。

结论：当然，以上的分析并不是要推荐大家在饭后马上开始运动，而是希望大家不要被误导，失去运动的机会和动力。要知道缺乏运动造成的健康风险可是明确得多，比饭后运动可能造成的健康风险要严重得多。正确的做法是，在有进一步的证据证明“饭后立即运动”确实会诱发消化不良以前，根据自身情况安排运动时间即可，注意不要空腹时运动，容易引发低血糖。（注：这一点可能与一些专业运动员的指导有不同，这里面有成绩表现等因素的考虑。对于一般人的运动建议仍是如此。）如果你确实经常在饭后运动时出现胃痛或胃部不适，那么很有可能你已经是罹患消化不良的患者，应该到正规医院寻求帮助。

参考资料：

[1]Arvind Kumar, et al. Epidemiology of Functional Dyspepsia. Supplement to Japi, 2012.

[2]Nicholas J Talley, et al. Guidelines for the Management of Dyspepsia. Am J Gastroenterol, 2005.

献血有害健康吗?

Shiu

流言：献血会造成血液功能的弱化甚至丧失。红细胞的减少会使身体各部分器官得不到足够的氧气，细胞的各项生命功能无法正常发挥，献血后产生头晕现象就是因为脑部没有得到足够的氧气。白细胞减少会使身体抵抗力下降，容易生病，献血后虚弱就是这个原因。免疫能力的下降使本来无足轻重的感冒病毒有机可乘。血小板的减少会使伤口难以愈合。白血病产生的最主要原因就是血小板减少。也许你会说，大家都说献血后身体会产生足够的血液补充，可是你知道所有的血细胞均在骨髓内由造血干细胞分化而成。造血干细胞是有寿命的。书上说，献血后 2 周，血液的容量会补充完整。但请注意：补充的是什么？是血浆，血液和血浆是两个概念。献血后会感到口渴，就是要补充血浆，血站会无偿提供糖水或牛奶也是这个原因。（节选自网文《无偿献血的危害》）

真相

让我们针对流言的说法一一加以辨析。

献血的量算很多吗？

通常一次献血200毫升，珍贵血（如AB型血。注：不一定是RH阴性血，因为RH阴性血太少见，往往采用“联盟”的方式，只要加入“联盟”，自己需要用血的时候，其他“盟友”就会去血站献血给指定的盟友）可能会要求到400毫升。两次采集间隔不少于6个月（其他很多国家规定是12周）。200毫升即0.2升，而成年人的血液总量约为4.2～4.8升，献血量仅占全身血液的5%左右，对健康人来说不是个大数目，不会对身体造成什么伤害。女性每个月“那几天”还要出血30～50毫升呢，而且是每个月都出，有些量大的能到80毫升；6个月加起来都不止200毫升了，还不是该吃饭吃饭、该旅游旅游，有些人还照常喝酒运动做爱呢。对比一下就可以看出，献血的那点血量对全身来说损失并不大。

为什么献血之后头晕恶心？

有些初次献血的人容易发生头晕恶心，这通常是因为血压的改变，加上情绪的压力。抽烟喝酒还会加重头晕。

血压是血液对血管的压力。想象你往一个橡胶管道里吹气，你吹的力气越大，管壁受到的压力也越大。嘴向管道里吹气就好比心脏向全身血管泵出血液。血压高往往是因为血管壁太硬了弹性差，血压低可能因为心脏泵出血液的力量不足、心率过缓、血液量少（受伤失血的人可能低到血压都测不到）。但血压改变很快会被身体调整过来。如果一次献血就老是低血压，那高血压患者不用吃药了，不如去放血好了；也不会有“充血性心衰”这种病了（外周血压太高了，心脏泵不动了）。

献血后往往需要休息一会儿，吃点儿喝点儿。第二天起床时动作也轻缓些，让你的血压进行调整。觉得不舒服的时候避免精细劳动。吃够喝够就问题不大，尤其是喝够，别让自己脱水就行。

献血后容易生病？

白细胞的确与免疫力有关，但它并不是决定免疫力的全部因素。就好像这个月你被扣了 200 元奖金，并不代表你家就穷了。从另一方面看，女性在经期会有白细胞的轻度升高，但也并没有出现“女性在经期更不容易生病”这种现象。

相反，有文献还认为年龄较大或绝经的献血者可以摆脱体内过剩的铁，而过剩的铁与心脏病发作有关——不过文献也注明了：虽然已经观察到这样的现象，但其中的关联性还需要进一步证实。

和白血病有关吗？

流言说：“白血病产生的最主要原因就是血小板减少”。其实，人们统称的“白血病”，在临床上是一类血液病。只要血里的各种成分比例不平衡了，就可能造成血液系统工作不正常，被称为“病”。它们的病因各不相关，甚至“白细胞增多”也不是它们的唯一表现。即使说到主要与白细胞相关的狭义“白血病”，“血小板减少”也只是表现之一，而不是其原因或诱因。

而且血小板的恢复也不困难。教科书上说：血小板的寿命为7～10天，衰老的血小板被单核巨噬系统所清除。血小板与粒细胞不同，在骨髓中并无储备，如血小板被大量破坏，则恢复较慢，至少3～5天始能恢复正常，这正是巨核细胞成熟至产生血小板所需要的时间。也就是说，你损失了5％的血小板，即使这算“大量”，也不过几天就恢复了。

那么血液中的其他成分会是什么情况呢？水和无机盐的话，2小时就补完了；其他大多数物质2天也补得差不多了。恢复最慢的是红细胞，因为它的寿命是100～120天，明显丢失的时候骨髓会用6～8倍的速度来造血，恢复不超过1个月。因此，流言所说的：“献血后2周，血液的容量会补充完整”这句话并没有描述出正确的情况。

结论：流言粉碎。这条流言对于献血之后机体恢复的生理过程存在诸多误解。

小贴士：

什么样的人不能献血？

简单来说，不让献血的情况就是对献血者有风险或对用血者有风险。具体包括：

近期献过血的人（中国规定6个月）；体重过轻或过重；贫血；患有各种感染疾病，或有感染疾病风险的人（比如英国规定12个月内有过男男性行为，4个月内有过文身的人也不能献血；新加坡规定某个特定时间段在英国或法国居住过一段时间的人也不能献血——因为疯牛病）；患有恶性肿瘤或有病史的人；有严重的慢性病或有自体免疫疾病的人，等等。另外，哺乳期的妈妈一般不献血，尤其是分娩后6个月内。因为这可能会减少你身体的铁储备，造成婴儿缺铁的风险。

献血后如何补铁？

食补。这里应该注意，虽然很多食物中含铁量都很丰富，但是，蔬菜（包括大力水手的菠菜）、豆类、谷类、海藻、蛋、奶酪、贝类中的铁都是属于不容易吸收的非血红蛋白铁。补铁还是得靠动物肝脏、全血、鱼类和畜禽肉类。

献血后如何休息？

当天不进行重体力劳动，不进行激烈运动。喝水要比平时多，4大杯每杯250毫升。注意是水，咖啡或酒可不行。不要待在过热的环境中。应该避免的是：节食、少水、抽烟、长期站立……这些都会影响你的恢复。

贫血就需要“补血”吗？

JUNEO

流言：①“贫血”是一种病；②很多女性认为自己有“经期贫血”病，都是月经让自己贫血；③大枣补血，贫血的人以及女性应该多吃。

真相

贫血，是一种症状，而不是独立的疾病。事实上，会导致贫血症状出现的疾病很多，找病因才能对症治疗。就像阑尾炎、宫外孕都会出现腹痛，但不找到病因，是没办法治好腹痛的。正常情况下，经期失血量并不多，不会引起贫血。另外，大枣也没有补血的功效。

贫血是“症状”，不是“病名”

生活中经常会有人说自己患上了“贫血”这种病，事实上，它不是一种独立的疾病，而是一种临床综合症状。类似于发热、咳嗽或者腹痛一样，贫血只是多种疾病在人体所表现出的冰山一角。

简单来说，贫血可以定义为人体红细胞总量减少、不能对人体组织充分供氧，所造成的人体组织缺氧的病理状态。

红细胞中含有一种叫做血红蛋白的物质，就是人们常说的血色素。血红蛋白是一种含铁的蛋白质，它在氧含量高的地方容易与氧结合，在氧含量低的地方又容易与氧分离。正因为血红蛋白的这一特性，人体从呼吸道获得的氧气得以顺利地送到身体的每一个角落。如果把血管比喻成人体“交通路线”的话，那么红细胞就是运载氧气分子的“公交车”，血红蛋白则是公交车上的“座位”，在人体组织的供氧方面起到重要的作用。

因此，贫血时人体红细胞含量减少，公交车数量减少了，公交车的座位当然也就相应减少了，人体组织就表现出了缺氧的状态。

贫血不贫血，血红蛋白说了算

理论上贫血最准确的诊断方法就是直接测定人体红细胞总量，可惜，目前尚无合适的临床检验能够满足这一要求。所以，医生在诊断有无贫血时，使用的是反映外周血红细胞浓度的指标，其中以血红蛋白浓度最为常用和可靠。目前中国成年男性两次检查血红蛋白浓度＜ 120 克/升，成年女性两次检查血红蛋白浓度＜ 110 克/升就可以诊断贫血。

诊断贫血之后，尚需要进一步分清贫血的程度：低于上述标准，至 91 克/升之间的为轻度贫血，61～ 90 克/升为中度贫血，31～ 60 克/升为重度贫血，低于 30 克/ 升为极重度贫血。

虽然说长期经血过多（1 个月经周期失血超过 80 克/升）确实是导致女性贫血的一个原因，但对于多数每月经血损失为 20～60 克/升的健康女性来说，生理上不足引发贫血症状，而且医学上也没有“经期贫血”这种疾病。

不只表现在化验单上

无论贫血是由什么原因引起的，贫血都会造成血液运送氧气的能力减弱，使得人体各个系统缺氧时功能异常，因此贫血的临床表现都有共性。

皮肤黏膜苍白是贫血最常见和最显著的客观体征，以观察指甲、手掌皮肤皱纹处以及口唇黏膜和睑结膜等较为可靠。另外，疲倦、乏力、头晕耳鸣、记忆力衰退和思想不集中等，也都是贫血早期和常见的症状。贫血严重时还可有低热、皮肤干枯和毛发缺少光泽，甚至可能出现水肿。心血管系统、消化系统和泌尿生殖系统都会出现一些不适：轻度贫血时，常见活动后心慌气短，中度贫血可有心动过速，心输出量增多，严重贫血患者还会出现心绞痛或心力衰竭；常有食欲不振、恶心、呕吐、腹胀甚至腹泻等表现，部分患者可有明显的舌炎；患者可有性欲减退等表现，女性患者常会出现月经失调。

多种致病因

很多人一提到贫血，就想到营养不良、缺铁。事实并非如此，贫血的病因大致有以下几种：

红细胞生成减少　造血原料异常（铁/维生素 B_{12}/叶酸等来源不足、吸收障碍等）、造血细胞异常（白血病、继发性骨髓抑制等）；

红细胞破坏过多（即溶血性贫血）　红细胞异常所致溶血（海洋性贫血、铅中毒、G6PD 缺乏（也就是蚕豆病）等）、红细胞外环境异常所致溶血（自身免疫性溶血、新生儿溶血、血型不符所致输血相关性溶血等）；

失血　外伤、经血过多等。

可见，临床上引起贫血的病因错综复杂，病因不同，治疗方法也不同。需要医生根据临床表现和各种辅助检查仔细鉴别，其中骨髓穿刺活检则是贫血病因诊断的法宝。

因此可知，诊断为贫血后，也不能都进行“补血”治疗。如果是体内有钩虫寄生，那及早驱虫才是治疗的关键。针对造血原料异常，如果因摄入不足导致，那多吃含有这些物质的食物确实有益。如果是吸收或利用环节出现问题，多吃也是没用的。另外，有关红枣补铁补血的说法大概只是出于“红”的联想，没有医学、营养学依据。确实，铁的补充对于制造更多的红细胞至关重要。只是，每 100 克干红枣的含铁量平均只有 2 毫克。而每 100 克猪肝的含铁量可以达到 25 毫克以上，就连油菜的铁含量也可以达到每 100 克含铁量 3 毫克。

“贫血症”短时能缓解甚至消失吗？

某公务员考生因体检时血红蛋白两次测量值是“70克/升、88克/升”（中度贫血），低于公务员体检标准而落榜，但两周后该考生重新体检其血红蛋白均正常，分别为“173克/升”和“181克/升”。短短两周时间，该考生的血红蛋白测量值居然如同坐过山车一样翻了一番，血红蛋白是否真能像过山车一样短时间内飙升呢？

答案是：不会（针对该考生的情况而言）。

常见的缺铁性贫血治疗相对较为简单，只需要补铁治疗，患者口服铁剂之后1周左右症状改善，2周之后血红蛋白开始升高，1～2个月之后才可恢复正常。而其他类型的贫血治疗起来更加复杂，需要用到免疫抑制剂或者造血刺激药物甚至骨髓移植等方法，因此这些贫血的恢复以及血红蛋白浓度的上升就会更加漫长，绝不会出现短时间内飙升的现象。

当然，贫血也有其对症治疗的方法，那就是输血。但是由于输血的副作用和并发症较多，需要严格掌握输血适应症。一般情况下，慢性贫血血红蛋白低于60克/升，急性失血导致血红蛋白低于70克/升，才是输血治疗指征。

除了传统的全血输血之外，目前较多采用的是成分输血，用于提高血红蛋白的血液成分有浓缩红细胞、少白细胞红细胞、红细胞悬液、洗涤红细胞、冰冻红细胞等品种。一袋成分血200毫升，可升高血红蛋白约5克/升。如果想让血红蛋白从 70 克/升短时间内升至 170 克/升左右，大约需输入 4000 毫升血液。这几乎是不可能实现的，原因如下：目前血液制品监管严格，除非患者出现大出血等危及生命情形，否则 4000 毫升的输血申请不可能得到批准；短期内输入大量的血液，对于非急症贫血患者来说，这种治疗方案带来的副反应和并发症，是得不偿失的。医生也不会选择这样一种“治疗”方案。

由此可见，不论是对因治疗贫血还是对症治疗贫血，让血红蛋白短期内乘坐过山车翻一番是难以实现的事情。

结论：贫血是症，不是病。没有经期贫血这种病，经期正常、月经量正常的情况下，女性不会贫血。贫血的治疗依病因而定，不能一概“补血”。另外，红枣也没有什么补血功效。

参考资料：

[1] 王海燕. 内科学. 北京大学医学出版社，2005.
[2] 欧阳钦. 临床诊断学. 人民卫生出版社，2005.
[3] 左大鹏. 贫血的实验室检查程序和诊断. 中华检验医学杂志，2004.

疾病与血型有关吗？

snowjade

流言：O型血的人易患的疾病包括胃溃疡和十二指肠疾病、肝硬化、胆囊炎、阑尾炎、支气管哮喘、脓肿等。虽然平常较易生病，但平均寿命明显较长。

A型血的人容易患葡萄球菌化脓感染引起的疾病、沙门氏菌病、结核病、白喉、痢疾、流行性感冒、动脉粥样硬化、风湿病、心肌梗死、癫痫、慢性酒精中毒等疾病。

B型血的人易患的疾病包括痢疾、流行性感冒、神经根炎、骨病、泌尿生殖系统、关节炎等。

AB型血的人容易患脓毒性感染、急性呼吸道疾病、病毒性肝炎等疾病。据统计，AB型血的人患精神分裂症比其他血型高出3倍多，但AB型血在患结核病、妊娠贫血的比率上，则比其他血型的人低很多。

真相

血型与某些疾病确实存在相关性，这些疾病的流行，加上遗传规律及人类的迁移，共同导致今天世界上各地区所能观察到的ABO血型的分布频率。与其说血型易让人患上某种确定的疾病，不如说在人类进化过程中，某些地区流行的疾病“挑选”了该地域人群的血型分布。

血型分布有地域差异

基于红细胞表面特定的抗原来划分的 ABO 型血，是现代医学中输血的重要依据之一。ABO 血型由单一基因决定，分为 A、B 和 O 三种。

在不同的地区和人种中，ABO 血型分布是有差异的。譬如，西南非洲地区 O 型血较多；A 型血在欧洲分布最多，往亚洲方向逐渐减低；B 型血人在亚洲最多，欧洲最低。[1]

在中国大陆，由北向西南方向，B 型血的数量逐渐下降，而 O 型血却逐渐增加，在云贵川和长江中下游地区 A 型血数量升高，两广福建和台湾地区 O 型血的人就比其他地区多。[2]

血型由基因决定，一种基因在人类某一群体的进化中能被保留下来，或者占有较高的比例，说明这种基因对这个群体的生存和繁衍有利，所以才能够通过遗传传递并扩大其比例。是什么导致了血型的地区分布差异？这就要从人类漫长的进化史中影响血型演变的因素说起了。

原始社会，非 O 型血生存概率大

最初科学家发现，相对于 O 型血的人，非 O 型血（A 型、B 型、AB 型）更容易患上血栓性疾病。为了解释这种现象，研究者检测了不同血型的人血液中相关凝血因子的含量。结果发现在非O型血人的血液中，两种参与凝血过程的因子（血管性血友病因子抗原和凝血因子Ⅷ）的水平要高于O型血。[1]

原因在于A型血和B型血基因的基因产物，能延长血管性血友病因子抗原的半衰期（在O型血群体中为10小时，在非O型血群体中25小时），从而使体内血管性血友病因子抗原维持在较高水平。[2]科学家猜想，原始人时期野外生存经常要与野兽搏斗，免不了会有流血的状况，若能迅速地止血，便有更多活下去的可能。所以，早期人类中，非O型人群更迅速的凝血能力赋予这个群体更多的生存优势。

疟疾让O型血最终占了上风

但从目前世界上各血型的分布比例来看，O型血的比例更高，是后来又出现了什么因素，让O型血基因产生了选择优势吗？

研究者们想到了传染病，在人类各个历史时期，各种传染病都是对人类生存和繁衍的一个极大威胁。研究者们推测或许瘟疫也在“挑选”着人类的血型基因。

在诸多传染病中，疟疾大概是人类基因组最强的选择压力了，它在人类的基因组中留下了包括葡萄糖-6-磷酸脱氢酶缺陷、镰刀形贫血症在内的多种疾病的遗传痕迹。[3][4]据世界卫生组织估计，2010年全球仍有2.16亿人感染疟疾，65.5万人死于疟疾，死亡的大部分都是5岁以下的儿童。[5]

疟疾最猖狂的时代是一万年前，也正是在那个时候人类的生活方式发生了改变，从四处捕猎转变为更加稳定的农耕生活。家畜开始被圈养，森林里的树被砍掉后产生了大片的空地，雨水在这里积聚起来，形成了很多不流动的小池塘，这都为蚊子的大量繁殖提供了温床，而蚊子正是疟原虫的宿主，是疟疾传播的必需媒介[6]。疟疾致人死亡的原因是红细胞被疟原虫寄生，细胞膜上会表达一种黏附分子，这种黏附分子会与未感染红细胞上的血型抗原相结合，形成像玫瑰花一样的血液凝块，这种玫瑰花结黏附于血管内皮细胞上，导致血管闭塞和严重的疾病，而且玫瑰花结的多少与感染的严重性成正比。

有研究表明，这种黏附分子对 A 血型抗原有较强的亲和力，与 B 抗原亲和力较弱。因此感染疟疾后，A 型血人相对于 B 型血人和 O 型血人能形成更多的玫瑰花结。

根据这些研究结果，在疟疾流行过的地区，O 型血人数应该高于 A 型血。目前世界上 O 型血和 A 型血的分布确实与上述推论一致。在热带地区，疟疾较为流行，而在寒冷的地区，疟疾不那么流行。

居住在中美洲和南美洲的热带区域的土著居民绝大部分是 O 型血。但是，在较寒冷的地区，如斯堪的纳维亚半岛、格陵兰岛，以及欧洲和北美的北极圈地区，A 型血是出现比率最高的血型。[7]这些数据从另一个角度印证了 O 型血有利于对疟疾的抗性，A 型血不利于对疟疾的抗性。另外还有研究指出，欧洲 A 型血人群较多，可能也是天花蔓延的原因[8]。

国家/种族	O型血（比例%）	A型血（比例%）	非O型血（比例%）	O/A（比例%）	现在/曾经是疟疾疫区
尼日利亚东南部	87	8	13	11	是
苏丹	62	16	38	3.86	是
肯尼亚/基库尤族	60	19	40	3.16	是
非洲布西曼族	56	34	44	1.65	是
中非共和国	44	28	56	1.57	是
刚果	52	24	48	2.17	是
厄立特里亚国/索马里	60	22	40	2.73	是
加纳	47	23	53	2.04	是
纳米比亚	47	10	53	4.7	是
中美洲；亚马逊河流域	90	＜10	10	＞9	是
北美印第安人/纳瓦霍人	73	27	27	2.7	是
美国	79	16	21	4.94	是
波斯	38	33	62	1.15	是
土耳其	43	34	57	1.26	是
菲律宾	45	22	55	2.04	是

续表

国家/种族	O型血（比例%）	A型血（比例%）	非O型血（比例%）	O/A（比例%）	现在/曾经是疟疾疫区
越南	42	22	58	1.91	是
巴布亚新几内亚	41	27	59	1.52	是
芬兰	34	41	66	0.83	否
奥地利和匈牙利	36	44	64	0.82	否
瑞典	38	47	62	0.81	否
瑞士	40	50	60	0.8	否
挪威	39	50	61	0.78	否
保加利亚	32	44	68	0.73	否
捷克共和国	30	44	70	0.68	否
葡萄牙	35	53	65	0.66	否

数据来源：The ABO blood group system and Plasmodium flaciparum malaria[7]。

O型血也不是占尽便宜

虽然O型血对抵御疟疾有优势，可遇到霍乱就不如其他血型了。大量研究表明，感染霍乱后，O型血的人相对于非O型血的群体，更可能发展为严重感染[9]。孟加拉国恒河三角洲地区是霍乱的高发地区，近代几乎所有的霍乱疫情都是从这个地区传播出去的。研究认为现代该地区O型血人群数量较少而B型血人数量较多，与早期霍乱的选择压力直接相关[10][11]。

同样1996年在苏格兰爆发了一种由大肠杆菌O157型导致的胃肠道感染，死亡人群中有87.5%都是O型血，这意味着O型血的人对这种细菌可能更敏感[12]。

结论：血型确实跟某些疾病存在相关性，在人类演化初期像疟疾这样严重威胁人类生存的传染性疾病影响了人类血型分布。但血型并不像流言所说，跟一些具体疾病存在直接对应关系。在现代社会，个体患特定疾病的风险及患病后病情的严重程度，影响因素很复杂，血型不是唯一的影响因素。与其为自己的血型而担忧，不如改变不健康的生活方式。

参考资料：

[1] Wikipedia. Blood Type ABO and Rh Distribution by Country.

[2] 陈稚勇，赵桐茂，张工梁. 中国人ABO血型分布. 遗传，1982.

[3] Jenkins P V，O'Donnell J S. ABO Blood Group Determines Plasma von Willebrand Factor Levels：a Biologic Function After All Transfusion，2006.

[4] Gallinaro L，Cattini M G，Sztukowska M，et al. A Shorter von Willebrand Factor Survival in O Blood Group Subjects Explains How ABO Determinants Influence Plasma von Willebrand Factor. Blood，2008.

[5]Kay A C, Kuhl W, Prchal J, Beutler E. The Origin of Glucose-6-phosphate-dehydrogenase (G6PD) Polymorphisms in African-Americans. Am J Hum Genet, 1992.

[6]Desai D V, Dhanani H. Sickle Cell Disease: History and Origin. J Hematol, 2004.

[7]Defeating Malaria in Asia, the Pacific, Americas, Middle East and Europe: Progress & Impact Series, n. q. 2012.

[8]Loscertales M P, Owens S, O'Donnell J, et al. ABO Blood Group Phenotypes and Plasmodium Falciparum Malaria: Unlocking a Pivotal Mechanism. Adv Parasitol, 2007.

[9]Christine M C, Walter H D. The ABO Blood Group System and Plasmodium Falciparum Malaria. Blood, 2007.

[10]E Azevêdo, Kreiger H, Morton N E. Smallpox and the ABO Blood Groups in Brazil. Am J Hum Genet, 1964.

[11]Harris J B, Khan A I, LaRocque R C, et al. Blood group, Immunity, and Risk of Infection with Vibrio Cholerae in an Area of Endemicity. Infect Immun, 2005.

[12]Kaper J B, Morris J G, Levin M M. Cholera. Clin Microbiol Rev, 1995.

蚊子有偏爱的血型吗？

绵羊 c

流言：“我们 A 型血的人最招蚊子了！”“我每次跟朋友出去都是被蚊子咬得最多的，O 型血真不好！”你是否也经常听见身边的朋友这样抱怨，他们都声称自己的血型最招蚊子，但结论却如此不统一，几乎涵盖了全部的血型（A、B 和 O 型）。

真相

蚊子叮人和血型有关么？还真有科学家做过这个实验，研究成果发表在了著名科学期刊《自然》上面[1]。实验过程是找来 102 个不同血型的人，然后让他们把胳膊伸进装有 20 只蚊子的密封箱里。10 分钟后，通过检验蚊子肚子里的血液的血型来判断叮咬情况。

对 100 多次实验的结果进行分析发现，O 型血的人被叮次数最多，作者得出结论 O 型血可能最招蚊子。对于原因作者并不清楚，但推测可能由于决定血型的抗原在皮肤表面和汗液中也有分布，因此造成不同血型对蚊子吸引力的差异。

这个实验完成于20世纪70年代，那时对于蚊子的研究还在探索中。好玩归好玩，结果可靠吗？就让我们先了解一下蚊子到底怎么决定叮咬目标的吧！

嗡嗡嗡，咬谁呢？

大家不难猜到，被蚊子叮咬肯定是由于你身上的什么东西吸引它们找到了你，但你一定想不到吸引蚊子的物质竟然如此之多。只要你在呼吸、出汗或是散发热量，你的温度，你释放出的水蒸气、二氧化碳，你汗液中的丙酮、辛烯醇、乳酸等化学物质，林林总总几十种，都在诱惑着蚊子，让它们循着细微的踪迹找到你。[2]

在众多诱惑中，最重要的当数二氧化碳，这是蚊子找到你的主要线索。值得注意的是，吸引蚊子的不是单纯的二氧化碳，而是二氧化碳的气流，通过辨别气流方向，蚊子才能锁定目标。在野外实验中，添加了二氧化碳的捕蚊器可以比没有添加二氧化碳的同类捕蚊器多捕捉8～45倍的蚊子。而给人戴上一个装有碱石灰（以中和呼出的二氧化碳）的面罩，可以让他被蚊子叮咬的概率大幅下降。虽然不同种类的蚊子之间略有差异，但基本上靠着二氧化碳它们就能找到你，如果再配合上其他主要身体气味物质，如乳酸、丙酮和辛烯醇，寻找起目标来会更加容易。值得一提的是，有研究指出，众多驱蚊产品所含的避蚊胺（DEET）成分起作用的原理就是通过抑制蚊子的感受器，让蚊子找不着北。[3]

所以一个刚运动完大汗淋漓的人就是蚊子的最爱，大口喘气呼出的二氧化碳和汗水中的化学物质都对它们有强烈的吸引力。一些二氧化碳排出量比较多的人，比如新陈代谢较普通人快的孕妇等，也可能比其他人更易被叮咬。

另外，有人经常提到深色衣服易招蚊子，也是有道理的。当蚊子找到并飞近目标后，视觉就开始起作用，甚至对蚊子最终会不会落在这个目标身上有很大影响。蚊子的视觉系统在阴暗的环境中最活跃，太充足的光线或者完全黑暗都非它所爱，所以反光效果较弱的黑色最吸引它们。因为这种视觉偏好，在白天，蚊子喜欢黑色温暖且潮湿的物体，比如你身上略带汗水的黑色T恤。所以想躲避蚊子的话，下次出门要避免这类着装喔！

关于蚊子的一些基础研究在20世纪90年代已经大致明了，可在教科书中提到了那么多吸引蚊子的因素，却没有提及任何血型在其中发挥的作用。主要的原因可能正是目前的研究还不能得出明确的结论。

血型吸引蚊子？众说纷纭

让我们回到那个有趣的实验上吧。做这个实验的科学家叫伍德，是一位研究疟疾的专家。1972年她提出了蚊子叮咬与血型相关这个新颖的想法[1]，设计了实验并给出了血型抗原的解释假说。现在看来这个实验略显简陋，实验设计和数据的统计分析都没有考虑和排除其他影响因素的干扰，但创新精神可嘉。

此后，伍德又改进了她的实验，对蚊子的着陆（landing）和吸血（blood meal）进行了区分（因为蚊子着陆在皮肤上并不一定会吸血），并且进一步考察了肤色、湿度、皮肤温度[4]、相同血型中的分泌型和非分泌型[5]（分泌型，即血型抗原会分泌出现在汗水、唾液等体液中的人；非分泌型，则是汗水、唾液等体液中不含血型抗原的人。如果汗液中的血型抗原对蚊子确实有吸引力上的差异，那么不同血型的分泌型之间、分泌型与非分泌型之间应当会表现出吸引蚊子程度的不同）等因素的影响。结果是肤色、湿度、皮肤温度并不影响蚊子叮咬的次数，并且 O 型血的分泌型比 O 型血非分泌型、A 型血的分泌型都更受蚊子青睐，与假说吻合。

只是，这些实验都没有考虑到诸如出汗、二氧化碳这样重要的变量。这样的不足在桑顿的实验中得到了很好的补充。

桑顿和他的团队也精心设计了一系列实验，考察血型、出汗情况、肤色、体毛对蚊子叮咬的影响[6]。桑顿实验的优点是消除实验对象呼出的二氧化碳产生的影响，在单独考察某种影响因素时最大可能地排除其他变量的影响。实验得出的结论是，没有发现蚊子叮咬与血型存在必然联系，肤色和体毛也同样没有影响，而出汗的影响则很显著。在分泌型和非分泌型的比较实验中，桑顿发现它们之间并没有显著的不同。

对于这个和伍德完全不同的结论，桑顿给出了自己的解释，他认为伍德得到的结果很可能受到志愿者呼出二氧化碳——吸引蚊子的重要因素——的影响而带来误差，并指出伍德的文章中存在两处统计错误。

在这个话题沉寂了二十多年后，2004年，日本科学家白井重新开始研究这个问题[7]。这次的实验对志愿者比较人道，使用的都是被锯了嘴的蚊子（对蚊子就不太人道了），但这样也就混淆了着陆和吸血的情况。亮点则是针对血型抗原假说进行了手臂涂抹血型抗原的实验。结果显示，O型血对蚊子的吸引力除了较A型血而言有明显优势，较B型和AB型则不明显，与伍德的结果（O型血较A型和B型都有显著优势）并不完全相同；但相同血型的分泌型和非分泌型之间并不具有统计上的显著差异。手臂涂抹血型抗原的实验则显示，O型血的H抗原较A型血的A抗原更吸引蚊子，A抗原较B型血的B抗原更受到蚊子的喜爱，这倒是与伍德的结论类似。

但对于这样的结果，白井自己也认为，即使是血型抗原实验也无法作为蚊子对血型存在偏爱的实证，因为实际情况中抗原在人体表面分布的浓度低到蚊子侦测不到的程度。综合来看，白井认为自己的研究并不能证明血型与吸引蚊子的程度有关。对于伍德实验结果与自己实验结果的差异，白井推测可能的解释是蚊子品种不同。

其实就血型吸引蚊子理论的主要假说——分布在汗液和表皮中的不同血型抗原吸引了蚊子——本身而言，也是有很大漏洞的，因为这种抗原分布的浓度如此之低，如白井研究中所说，蚊子可能侦测不到。而根据蚊子的觅食习惯，侦测并找到远距离目标对它们来说非常重要。目前比较受认可的是，蚊子在寻找目标时，主要依赖的是二氧化碳、热量以及一些挥发性的化学物质，这些线索在空气中易于传播的特点大大提高了它们觅食的效率和成功率，是更好的选择。相比之下，身为糖脂的抗原不具备这个优势，目前也的确没有发现血型抗原对蚊子有什么确切的作用。

总体来看，关于血型和蚊子叮咬的这些研究都还停留在较为粗浅的程度，并且都有着诸如样本量不够大、各血型人数相差巨大（可能志愿者实在很难找）、对各种变量的控制和比较存在不足等问题。尽管有科学家表现出兴趣，但针对血型吸引蚊子的研究也还是不多，并且研究之间也存在诸多分歧，因此目前并不能得出不同血型的人对蚊子的吸引力不同的结论。

结论：蚊子侦测和定位目标主要是靠二氧化碳、热量、挥发性化学物质等因素，目前还没有可靠的证据可以证明不同血型对蚊子的吸引力有差异。所以，别再抱怨无力改变的血型了，注意个人卫生、适当选择驱蚊产品的作用更实际些呀。

参考资料：

[1]Wood C S, et al. Selective Feeding of Anopheles Gambiae according to ABO Blood Group Status. Nature, 1972.

[2]A N Clements, et al. The Biology of Mosquitoes, 1994.

[3]Ditzen M, M Pellegrino, Vosshall L B. Insect Odorant Receptors Are Molecular Targets of the Insect Repellent DEET. Science, 2008.

[4]Wood C S, New Evidence for a Late Introduction of Malaria into the New World. Current Anthropology, 1975.

[5]Wood C S. ABO Blood Groups Related to Selection of Human Hosts by Yellow Fever Vector. Hum Biol, 1976.

[6]Christine Thorntona C J D, J O C Willsona, Judith L. Hubbarda. Effects of Human Blood Group, Sweating and Other Factors on Individual Host Selection by Species A of the Anopheles Gambiae Complex (Diptera, Culicidae). Bulletin of Entomological Research, 1976.

[7]Shirai Y, et al. Landing Preference of Aedes Albopictus (Diptera: Culicidae) on Human Skin among ABO Blood Groups, Secretors or Nonsecretors, and ABH Antigens. J Med Entomol, 2004.

使用解热止痛药需要担心吗？

窗敲雨

流言：一条关于解热止痛药布洛芬的消息引起了人们的关注：一个小女孩在服用解热止痛药布洛芬之后，造成双目失明和全身90%的皮肤灼伤。

真相

事件本身是在10年前发生的，此次只是对其赔偿事宜的报道，但这样的消息仍不免让人对药物的安全性产生担心。

什么是解热止痛药？

解热止痛药是一类环氧合酶抑制剂，它们通过抑制体内的炎症因子前列腺素的合成起作用，常见的非处方止痛药、退烧药和感冒药常含有此类成分 。最常见的药物包括阿司匹林、对乙酰氨基酚、布洛芬、双氯芬酸等。和需要处方购买的阿片类止痛药（如吗啡）不同，解热止痛药并不作用于痛觉中枢神经，所以不会造成上瘾的症状。

解热止痛药是我们在生活中接触最多的一类药物，人们在使用这些药物时也经常会产生许多的担心。这些担心究竟有没有道理呢？

服用解热止痛药需要担心失明和皮肤灼伤吗？

新闻报道中指出，这个女孩遭遇的是一种严重的皮肤疾病——中毒性表皮坏死松解症（Toxic Epidermal Necrolysis，TEN）。这种疾病会导致表皮角质细胞的大量死亡，进而出现广泛的红斑、坏疽以及表皮与黏膜的松解脱离。皮肤和黏膜的损伤可能带来很多危险的情况，例如消化道出血、大面积的感染、呼吸衰竭等等，对眼睛也会造成损伤。

虽然不全由药物导致，但接触某些药物是这种疾病最常见的诱因。和常见的药物副作用不同，这种不良反应与药物的药理性质并没有很密切的关联，也并非布洛芬一类的解热止痛药所独有。其他的很多常见药物，例如磺胺类、青霉素、苯巴比妥等也可能导致 TEN。这种疾病实质上是一种特殊的免疫反应，它的性质与过敏反应类似：往往在第一次接触时不表现症状，而在重复接触时发病。

TEN 十分罕见。据数据显示[1]，这种疾病在世界范围内的年发病率约为 0.4～1.3 例每百万人，在美国的年发病率则约为 0.22～1.23 例每十万人（数据差异可能源于诊断水平的差异）。

由于极其罕见，用药时并不需要太担心 TEN 的发生，不过由于它的严重性，这个问题依然需要得到重视。在

2011 年，欧洲药品管理局就曾针对这种疾病发出警示，并建议修改相关药品，提醒医务人员留意可疑症状，给予治疗。不过，至今仍没有专业人士认为应为此否定这些药物的安全性并停止使用它们。

你不太需要担心以下一些说法：

肝肾损伤　解热止痛药一般只在过量或长期累积时出现对肝脏和肾脏的损伤。其中肝损伤最常见的情况是对乙酰氨基酚服用过量，而止痛药造成的“镇痛剂肾病”一般发生在长期频繁服用时（几乎每天服用，持续数年时间）。只要遵循说明书的剂量要求，偶尔服用（例如每月痛经时服用一粒）不需担心。

影响智力　民间有一些“吃止痛药会变笨”的说法，但并没有依据表明解热止痛药会让人的认知功能变差。只有阿片类止痛药物在滥用时可能造成记忆力减退等“变笨”的情况。

不过你应该留意以下这些情况：

掩盖病情　在很多情况下，带来疼痛或发热的疾病需要其他的治疗才能真正好转，自行服用解热止痛药可能掩盖病情，延误治疗。如果症状一直不缓解，应及时向医生寻求帮助。

过量服用　很多人会在发热疼痛时凭感觉服用非处方解热止痛药，这使人们容易忽略服药间隔和剂量的限制。解热止痛药，尤其是对乙酰氨基酚，在过量使用时存在明显的毒性。即使疼痛不缓解，也不应该在短时间内多次吃药或是同时吃多种药物止痛，含有重复成分的感冒药和退烧药也不能同时使用，在服药之前仔细阅读药品说明书是很重要的。

对胃和肠道的影响　这类药物最常见的副作用是对消化道的损伤。如果曾有过消化道溃疡的病史，使用时最好咨询医生。酒精可能会增加这类药物造成消化道溃疡的风险，所以服用解热止痛药时也不应饮酒。

结论：出现了一例罕见的对于解热镇痛药的严重免疫反应的新闻，并不等于不能再安全地服用此类药物了。在服用非处方类解热止痛药时，注意不要饮酒，仔细阅读药品说明书，注意服药间隔和剂量的限制。如果有消化道溃疡的病史，服用前最好咨询医生。

参考资料：

[1]Medscape reference. Toxic Epidermal Necrolysis.

鸣谢：感谢果壳网友@一个帅哥鸣翠柳对此文做出的贡献。

女性小便后要不要用纸巾擦?

和谐大巴

流言：生活中大多数女性如厕都离不开卫生纸。然而，这自以为是讲卫生的习惯，却恰恰是导致妇科疾病的潜在危险因素。现在很多卫生纸都是再造纸，其中带有大量的细菌。过分频繁地用纸巾擦拭，细菌很容易在阴道处停留并滋生，最好的办法是小便后什么都不用，每天换内裤就可以了。

真相

女性小便后，用合格的卫生纸正确擦拭不会导致妇科感染，反而不擦有可能导致外阴及泌尿系统感染。因此小便后及时用干净的卫生纸擦干才是正确做法。当然，勤换内裤也是应当提倡的。

擦，并不会导致阴道炎

阴道是一个与外界相通的结构，不可能做到绝对无菌。不过，阴道依靠其自净作用，可以抑制致病菌的繁殖，保障阴道健康。在正常阴道菌群中，乳杆菌是一种优势菌群，雌激素使阴道的组织结构有利于阴道乳杆菌的生长，而阴道乳杆菌的代谢产物可以使阴道的 pH 值保持在 3.8～4.4 的弱酸性环境，从而抑制其他细菌的生长，这就是阴道的自净作用。这种状态下，即使是可能导致细菌性阴道炎的阴道加德纳菌，由于数量少繁殖慢，也并不会致病[1]。正是因为这种自净作用，环境中的少量细菌，或是在擦拭外阴时通过卫生纸沾染到阴道外口的少量细菌，都不会对阴道健康造成大威胁。

那么阴道炎通常是什么原因导致的呢？当阴道菌群的生态平衡被打破，或有较多量的外源病原体（例如毛滴虫等）侵入，将可能导致阴道炎的发生。若体内雌激素降低（例如绝经后）或阴道的弱酸性环境被破坏（例如阴道灌洗），会使得阴道内的环境不利于乳杆菌的生长而破坏阴道的自净作用。此外，长期应用抗生素抑制乳杆菌生长，或机体免疫力低下（例如糖尿病患者和长期使用激素或免疫抑制剂的患者），也可使其他致病菌成为优势菌，引起阴道炎症。需要指出的是，性行为后阴道的弱酸性环境会被破坏，pH 值可上升至 7.2 并维持 6～8 小时，因此频繁的性行为可通过破坏乳杆菌的生长环境而成为阴道炎的危险因素[1]。

擦，对预防尿路感染有益

由于女性尿道较男性短且直，加之女性会阴部的皮肤有较深、较多的皱褶，因此尿道口处繁殖的细菌容易逆行感染，引起尿道和膀胱的炎症。根据国外资料，20～50 岁的病人中，女性发生尿路感染者要比男性高 50 倍[2]。据世界卫生组织的统计，女性尿路及生殖道炎症中约 50%～60% 是由下身不洁所造成的。

而预防尿路感染的最有效方法就是正确清洁。小便之后如果不及时擦干，残留的尿液会使内裤局部十分潮湿，给各种细菌提供了适宜的繁殖环境。这些细菌的生长繁殖反而容易使泌尿系统发生炎症。

中国的卫生纸国家标准（GBT20810-2006）也考虑到了卫生的重要，对厕用卫生纸中的微生物做了明确的要求：大肠菌群（女性尿道炎常见的致病菌）、金黄色葡萄球菌及溶血性链球菌（皮肤感染常见的致病菌）均不得检出；同时也要求微生物菌落总数必须小于每克 600 个[3]。如果使用的是合格的卫生纸，是不大可能引起尿路感染的。

另外，如果排尿后不将外阴擦拭干净，除了泌尿系统容易受到感染，尿液局部浸渍还可能引起外阴炎和外阴湿疹等疾病。可见，排尿后及时擦干是一个良好的卫生习惯，关键在于要选择合格安全的卫生纸。

除了擦，女性日常阴部卫生该注意什么？

（1）平时不要憋尿，养成多饮水多排尿的习惯，尿流冲洗尿道有助于预防尿道炎。

（2）小便后及时将会阴部擦拭干净，并且选用合格的、清洁的卫生纸。

（3）使用正确的擦拭方式：由于尿道、阴道、肛门对细菌的防御力依次递增，而清洁度依次递减，因此在擦拭会阴部时，应当从前往后擦。

（4）注意性生活期间的卫生。与陌生性伴侣进行性行为时注意使用安全套等保护措施，性伴侣患有传染性疾病时应及时治疗。

（5）避免盆浴，尽量采用淋浴。在非必需的情况下，尽量不要进行阴道灌洗。

（6）勤换内裤，并且内裤宜选择宽松透气的面料，如纯棉或者透气速干的功能面料。紧身而不透气的化纤内裤可压迫外阴，导致外阴血液循环障碍和局部潮湿，造成非特异性外阴炎等疾病。

（7）如有外阴部不适，及时就医。

结论：流言粉碎。小便后应该用清洁的、合格的卫生纸产品及时擦干外阴部。从卫生角度考虑，“我不擦”的做法并不可取。

参考资料：

[1]乐杰. 妇产科学：第七版. 人民卫生出版社，2008.
[2]Beers M H 主编，薛纯良主译. 默克诊疗手册：第 17 版. 人民卫生出版社，2006.
[3]中华人民共和国国家标准（GB/T20810-2006）：卫生纸（含卫生纸原纸）.

清凉卫生巾暗藏杀机？

和谐大巴

流言：忠告女性朋友，千万别用清凉卫生巾这类添加制剂、草本、香型等等卫生产品！清凉卫生巾用起来凉凉的感觉，是因为这个卫生巾在表层材料上添加了薄荷剂，薄荷剂在使用的过程中会慢慢释放，从而破坏生殖器的弱酸环境，使生殖器自身的抵抗能力下降！用了会让月经量越来越少。

真相

使用清凉卫生巾，不至于破坏阴道内的弱酸性环境，更不会导致月经量变少。只要是卫生合格的卫生巾，使用何种类型只是个人习惯。但需要注意的是，敏感皮肤和过敏体质的女性，应当慎用添加香料和药物成分的卫生巾，以免引起皮肤刺激和过敏反应。

卫生巾的清凉感是怎么来的

“凉”通常是皮肤或黏膜对温度的感觉，然而，并非所有“凉”的感觉都是因为温度的改变。薄荷中含有一种叫薄荷醇的物质，这种物质及它的一些衍生物可以刺激皮肤和口腔中的寒冷感受器——一种特殊的蛋白质叫做 TRPM8 受体，让机体产生“冷”的感觉，而实际上温度并未改变。[1]

TRPM8 受体存在于感觉神经元里，曾被称为“寒冷与薄荷醇受体 1（CMR1）”。顾名思义，薄荷醇等化学物质能像寒冷本身一样激活这种受体，产生“冷”的感觉。TRPM8 受体的激动剂除了薄荷醇，还有一种人工合成的化合物“Icilin”，其产生的冷感比薄荷醇强 200 倍[2]。此外，芳樟醇、香茅醇、羟基香茅醛、薄荷酰胺（WS-3、WS-23）、薄荷甘油缩酮、乳酸薄荷酯等物质也是 TRPM8 受体的激动剂，能使之产生冷感[3]。

薄荷剂会破坏阴道的弱酸性环境吗？

我们知道，阴道并不是一个无菌的环境，但其微生态环境的平衡对外界微生物的侵入有一定防御功能，称为阴道的自净作用。雌激素、阴道乳杆菌和阴道的弱酸性环境是构成阴道自净能力的 3 个重要环节。这 3 个环节中的一个或者几个被打破，阴道的防御能力便会降低，容易受到外源病原体的侵袭，导致阴道炎。

对薄荷醇的研究表明，薄荷醇本身具有一定抑菌能力，这恐怕是流言中“破坏生殖器的弱酸环境”的来源。如果薄荷醇抑制了阴道内乳杆菌的繁殖，理论上确实可能导致阴道弱酸性环境的破坏，从而容易让使用者患上阴道炎。

不过在实际情况中我们应当注意到的是，薄荷醇对多数细菌的最低抑菌浓度（MIC）约为 0.04～0.2 毫克/毫升[4]，大约可折合为 40～200ppm。而薄荷醇的凉感阈值在 0.8～3ppm 左右[5]，要产生凉感所需的浓度远小于薄荷醇的最低抑菌浓度。如果仅仅是出于让皮肤或黏膜产生凉感的目的，局部使用的薄荷醇浓度未必能达到最低抑菌浓度。同时，如果使用的是添加薄荷醇的卫生巾，仅仅是放置在阴道口附近，并不是置入式的卫生棉条，实际能进入阴道的薄荷醇的量更是十分微小，远达不到其最低抑菌浓度。因此，担心卫生巾中添加的微量薄荷醇会对阴道内的正常菌群产生影响大概是没有必要的。

薄荷剂会导致月经量变少吗？

网上有不少说法提到，薄荷醇会进入子宫引起宫寒，导致月经异常。这个说法是真的吗？

关于“宫寒”的概念，现代医学中大约对应的是痛经和月经过少的症状。痛经的原因主要在于经期分泌的前列腺素过多，引起子宫平滑肌过强收缩及血管挛缩所致。虽然寒冷也会导致子宫平滑肌和血管收缩而可能加重痛经，但并非痛经的主要原因。

而月经过少通常是与内分泌失调，以及刮宫、人工流产等宫腔操作导致子宫内膜变薄有关。一来薄荷醇没有性激素的药理作用，不会影响内分泌，也就不会对月经产生影响。二来子宫和阴道是相对隔离的两个环境，只在经期宫颈口会微微打开以便排出宫腔内产生的月经，因此能够从卫生巾表面扩散进入宫腔的薄荷醇等化学物质微乎其微，不可能对宫内环境造成影响。

不要迷信草本卫生巾宣传的所谓功效

虽然这种清凉卫生巾不太可能对阴部健康产生危害，但是这类添加了其他成分的经期用品确实有些需要注意的地方。

一些所谓的草本卫生巾会宣传对女性有某些保健和治疗作用，这一点不可轻信。因为一方面并没有可靠的证据表明这些宣传的功效是实际有效的，另一方面，由于皮肤的结构致密，药物吸收有限，就算是在其他方面证明有效的药物，也不代表用在卫生巾上（这种特殊奇异的给药方式）同样有效。

另外，对于敏感皮肤和过敏体质的女性，使用这类添加了香料和药物成分的卫生巾还要留意可能带来的皮肤刺激和过敏反应。

总之，清凉卫生巾的“功效”仅仅是其产生的清凉感觉，对于部分使用者来说是一种舒适的体验，如何选择还看消费者自己的考量。

结论：流言粉碎。使用清凉卫生巾，不会破坏阴道内的弱酸性环境，更不会使月经量变少，它所带来的清凉感觉对于部分使用者来说是一种舒适的体验，是否选择还看消费者自己的考量。

作者的话：大巴认为，此事件对于厂家的教训是，这类直接接触皮肤的个人护理用品，还是应当谨慎添加各种药物和添加剂。对于具有争议的添加剂，应当表明其化学成分和添加量，以及其可能产生的作用和副作用等。这样不仅尊重了消费者的知情权，使消费者在使用时更加放心，还可通过事实来避免流言对产品产生负面影响。

参考资料：

[1]Wikipedia. Menthol.

[2]Wikipedia. Icilin.

[3]Wikipedia. TRPM8.

[4]陈华萍，等. 华芙露的抗菌实验研究. 中国药师，2001.

[5]Menthol Background & Menthol Enantiomers-Organoleptic Properties.

利用月经周期减肥真能“事半功倍”吗？

和谐大巴

流言：减肥也有“生理周期”！月经第 14 天左右热量消耗是平时的两倍，此时期消化吸收功能不好，故吃高热量的东西也不会胖。月经结束后的一周是减肥超快期，在这期间节食加运动效果会更好。

真相

月经是正常排卵的未孕女性例行的约会，在整个月经周期内女性体内的雌激素和孕激素的水平都会有很大的变化。对于多数月经周期规律正常的女性来说，自月经第 1 日至卵泡发育成熟（大约 2 周后）是卵泡期，体内孕激素水平仍保持低水平，但雌激素水平逐渐升至最高，为排卵做好准备。排卵日大概在月经来潮的第 14 天。排卵日至下次月经来潮前是黄体期，体内的雌、孕激素水平均较高。

孕激素具有促使胃肠平滑肌松弛、胃酸及胃蛋白酶分泌减少、胃排空延缓、胆囊排空时间延长、肠蠕动减弱等作用，可能会导致女性在黄体期食欲不振、消化不良、吸收功能下降。这可能是流言所说“月经第 14 天左右消化吸收功能不好”的由来。不过这种影响一般在怀孕时较为明显（孕激素水平更高），而在普通月经周期中，孕激素水平没有那么高，表现并不明显。并且，吸收功能下降并非不吸收，如果进食过多热量，同样会转化为脂肪储存起来，在任何阶段都不应该认为“吸收不好，不会发胖”而放纵自己暴饮暴食。[1]

“热量消耗是平时两倍”的说法则完全没有道理，后面的能量代谢部分会详细说明。

月经周期的能量代谢

1. 能量代谢总量

正常人体在不进行任何活动时的能量代谢水平通常用基础代谢率来衡量，这是机体为了维持正常生理功能而进行的最小产热速率。体温每升高 1℃，基础代谢率升高 13%左右[2]。对于一般的女性，基础体温在排卵后要升高 0.3℃～0.5℃。如果以基础代谢率为 1200 千卡每天来算的话，黄体期每天的消耗只比平时多 47～78 千卡热量，相当于骑自行车 15 分钟。

当然，以上只是简单的理论推测，实际上人不可能只处在基础代谢的状态，因为身体的其他活动，实际的消耗会更大。霍尔顿等研究者在 2002 年发表的文章中，将月经周期分为早卵泡期（雌、孕激素水平均低）、卵泡中期（雌激素升高，孕激素水平低）和黄体中期（雌、孕激素水平均高）

进行实验，在90分钟的中等强度体力活动中，正常体重女性的能量物质氧化水平和葡萄糖利用水平在这三个阶段并无显著差异[3]。瓦卡沙（Vaiksaar）等研究者在2011年发表的文章中，将月经周期分为卵泡期和黄体期进行实验，发现在1小时测功仪练习中，女赛艇运动员的能量消耗、氧耗水平、运动和静息的心率水平、能量物质的氧化水平，以及体内乳酸水平和月经周期无关[4]。

以上研究证据说明，从能量消耗总量的角度来看，月经周期本身并不会带来大量的能量消耗，而在月经周期的不同阶段运动，所消耗的能量也没有明显不同。基本可以断定月经周期对于减肥没有推波助澜的作用。

2. 能量消耗的方式

能够为人体提供能量的基本营养物质是糖、脂肪和蛋白质。在营养充足的情况下，通常不会消耗蛋白质，而是首先利用糖和脂肪。糖的吸收和使用都很便捷，除了氧化供能之外，在氧供应不足情况下还能通过无氧酵解来应急，因此越高强度的运动，身体对糖的消耗比例就越高。脂肪虽然代谢较慢，但完全氧化所产生能量是糖的2倍多，因此，脂肪能缓慢、持久地提供稳定的能量，弥补糖供能的不足。低强度的持久性运动能够显著增加脂肪的消耗比例。[2]

减肥的目标是减少身体脂肪含量。在运动中，能量消耗是以葡萄糖为主还是以脂肪为主，除了与训练强度、训练状态和个人饮食有关，与性激素水平也有着一定的联系。关于性激素水平对能量消耗的影响，目前学界一致认可的是男女之间存在差异，雌、孕激素可能有促使葡萄糖与脂肪的供能比例发生调整的作用。对于个体女性在月经周期中各阶段的激素变化是否对葡萄糖与脂肪的消耗比例有显著影响，目前尚存争议。

现有的实验证据中，有的研究发现卵泡期进行次极量水平（无氧代谢为主）的训练时，葡萄糖消耗更多而脂肪消耗较低[5]，这大概是支持黄体期减肥比卵泡期更有效率的依据，也有的研究认为在整个月经周期中进行训练，能量物质的消耗变化水平甚为微小[3]。不过，即使是认为卵泡期比黄体期葡萄糖消耗多而脂肪消耗少的研究者也承认，中低强度运动（有氧代谢为主）时这些差异便不存在[5]。减肥主要采用的是中低强度的运动，由此看来，希望通过选择在月经周期里的某些特殊时期运动来调整身体脂肪比例，只能是收效甚微。

正确减肥，你必须知道的事

第一，运动和饮食相结合才能甩掉多余的体重。减肥并非单纯增加能量消耗就可以成功，饮食控制也十分重要。这里并不提倡节食（不吃东西），而是控制食物中的碳水化合物和脂肪的摄入。米饭和馒头提供了大部分碳水化合物，如果它们过量，同样会转化成脂肪储存起来。

第二，并非所有运动方式都适合减肥。短跑、举重这些力量和爆发力的训练主要通过无氧代谢供能，葡萄糖会转化为乳酸堆积起来，造成肌肉酸痛。正确的选择是有氧运动，如快步走、游泳、慢跑等中等强度、持续性的运动，心率达到估计最大心率（220 减去年龄）的 70%～85%后持续 20 分钟以上[6]，这样的运动才能保证最有效的脂肪燃烧。

第三，减肥一定要持之以恒！肥胖是遗传和生活习惯共同作用引起的，如果跟别人吃同样多的食物，做同样强度的运动，别人没胖您胖了，说明您体内可能本身就带有肥胖基因。这时减肥便像逆水行舟，不进则退。如果还想保持好的体形，就必须比别人付出更多的努力，适当控制热量摄入，每天运动 60～90 分钟，坚持不懈[7]。

第四，减肥要有一定的计划性，体重减得过快对健康也有不利影响。通常推荐减重的速度是每月 2～3 千克，不可急于求成[7]。

结论：流言粉碎。月经周期帮不上减肥什么大忙，关键是掌握正确的减肥方法并持之以恒。

参考资料：

[1]乐杰. 妇产科学. 人民卫生出版社，2008.

[2]姚泰. 生理学. 人民卫生出版社，2005.

[3]Horton T J, et al. No Effect of Menstrual Cycle Phase on Glucose Kinetics and Fuel Oxidation During Moderate-intensity Ex-

ercise. Am J Physiol Endocrinol Metab，2002.
[4]Vaiksaar S，et al. No Effect of Menstrual Cycle Phase on Fuel Oxidation during Exercise in Rowers. Eur J Appl Physiol，2011.
[5]Zderic T W，et al. Glucose Kinetics and Substrate Oxidation During Exercise in the Follicular and Luteal Phases. J Appl Physiol，2001.
[6]CDC. Physical Activity for Everyone，Target Heart Rate and Estimated Maximum Heart Rate.
[7]CDC. Healthy Weight，Losing Weight.

分娩突破人类疼痛的极限了吗？

薄三郎

流言：“你知道吗？人体最多只能承受 45 单位的疼痛。但在分娩时，一个女人承受的疼痛却高达 57 单位。这种痛相当于 20 根骨头同时骨折！男孩们，你们不仅现在要爱妈妈！以后也要好好爱老婆。”

真相

若在网络搜索这条微博内容，会发现其出现时间为 2011 年 9 月 20 日前后，此前并未见有类似的网络描述。不过，若是将该内容转换为英文再进行搜索，就会发现有意思的事情了。两年前的雅虎问答就出现过类似的描述[1]，仔细阅读会发现，中文的这条“分娩疼痛高达 57 个单位”就是从这条英文问答翻译过来的。

“母亲分娩疼痛是 57，人体所能承受的疼痛是 45”的说法，到底是由何而来的呢？很遗憾，搜索网络、美国国立医学图书馆的文献数据库 PubMed，都没有找到这方面的文献。换句话说，人体所能承受的疼痛限度与分娩疼痛的数值，很可能是一次网络上的以讹传讹，并无确凿的医学证据或研究做支持。

疼痛的度量和单位

那么，疼痛有没有单位呢？答案是有的。微博里的“单位”其实指 dol，它是疼痛这个词的拉丁文单词“dolor”的缩写。在 20 世纪 40 年代后期，美国康奈尔大学的 3 位研究者詹姆斯·D·哈迪（James D. Hardy）、赫伯特·G·沃福（Herbert G. Wolff）和海伦·古德尔（Helen Goodell）根据此前他人的研究成果，建立了这一疼痛度量标准[2]。最初，他们将其称为“Hardy-Wolff-Goodell 等级”，一共分为 10 级，并创造了一个单位，也就是用 dol 来描述这 10 个等级。那么，1 dol 的疼痛到底是什么呢？其定义为最小视觉差（Just Noticeable Difference），也就是对这一最小差异量的感觉能力。具体的做法是，研究者用棱镜将光聚焦于人体皮肤上，随着温度的升高，看人体的忍受限度来进行疼痛定义，这些光来自一盏 1000 瓦的电灯泡。这台仪器被称为测痛仪（Dolorimeter）。

遗憾的是，dol 这一描述疼痛的单位从来都没有被广泛应用，它像昙花一现般存在于学术研究里。由于 3 人的实验结果不能被重复，他们的疼痛测量方法与工具均被学界否定了。想想也是，疼痛作为一种极为复杂的主观感受，运用疼痛测量仪划分 dol 等级，不容易掌握，临床上一点都不实用。此后 dol 也跻身 5 大最怪异的科学度量单位[3]。

疼痛是伤害性刺激作用于机体所引起的一种不愉快的体验，伴有感觉、知觉与情绪反应，对疼痛的体验与感受因人而异，对疼痛的敏感程度也不一样，因此目前测量疼痛的黄金标准，依然是病人对所经历疼痛的表达。可是，如何准确度量只有自己知道的疼痛程度呢？目前临床上最常用的测量方法是视觉模拟评分法（简称 VAS 法），依然是依托于人们对疼痛的主观体验，并非绝对客观的测量方法。

VAS 法的主要道具“痛尺”其实是一把长约 10 厘米的游动标尺。尺的一面标有 10 个刻度，两端分别为 0 分端和 10 分端。0 分表示没有疼痛，10 分则代表难以忍受的最剧烈的疼痛，从 0 到 10 依次表示疼痛的程度在不断增加，愈来愈难以忍受。在测量疼痛时，向病人说明这把尺的含义，然后将有刻度的一面背向病人，让病人在直尺上标出能代表自己疼痛程度的相应位置，医生再根据病人标出的位置为其评出分数。

如果分数在 3 分以下，那么恭喜你，虽然感觉到疼痛但并不太严重，不太会影响你的睡眠；如果在 7 分以上，很不幸，你现在肯定疼痛难忍，极需要医生用一些镇痛药物来帮你渡过难关了。

VAS 法已成为疼痛测量的最常用方法。当然，VAS 方法现多用于外科手术的患者，评价他们手术后切口的疼痛程度。如果曾做过手术，相信你对此并不陌生。对于小朋友，让他们说出痛的程度，以图画方法更简单直接，一个笑脸意味着不是很痛，一个哭脸则代表痛得厉害。不过，它采取的是让疼痛者说出自己所认为的疼痛程度，并非完全的客观指标评价。

分娩到底有多疼？

那么，孕妇生产时到底有多疼呢？这依然是个因人而异的问题。一般说来，在孕妇生产过程中，最开始是轻度的宫缩不适，犹如经期子宫痉挛一般，在随后的第一产程直至生产完毕，疼痛的强度逐渐增强。就整体而言，初产妇分娩时疼痛程度显著高于再产妇。也有不少孕妇反映，就她们所经历的疼痛烈度而言，胆结石等所引起的胆绞痛比分娩痛要厉害许多。当然，作为一名男性来纵谈女性分娩痛，总有些凭空抓瞎的感觉。每个人对疼痛的敏感程度、承受能力、描述用语都是不尽相同的，这里也只能从医学上来描述。

分娩痛总是来时缓慢，逐渐增强，直至痛到顶点，最后又缓慢地褪去。有人曾诗意地形容它就像是海浪向岸边涌来，最开始平缓不急不徐，浪头逐渐增强，越来越大，直至成为冲击海岸的冲天浪涛，随后潮水慢慢褪去……目前，随着国内各地不少医院逐渐开展的分娩镇痛项目[4]，分娩痛这一让女性“闻风丧胆”痛不欲生的体验，逐渐得以缓解。

若较真这条微博，你就会发现尴尬的搞笑点，如果人体最多只能承受 45 单位疼痛，但女人分娩时疼痛达到 57 单位，那说明女人已经不是人类了嘛。这条微博的目的是期望广大同学们疼爱身边的女性，无论是自己的母亲，还是妻子。不过，我总觉得，凡事还是多一点“从科学上讲”的精神比较好。

结论： 流言粉碎。人们对疼痛的体验与感受是因人而异的，对疼痛的敏感程度不一样，因此对疼痛的测量依托于人们对疼痛的主观体验，并非绝对客观的测量方法。“人体最多只能承受45单位的疼痛，但在分娩时的痛却高达57单位”的说法没有医学证据，是网络上的以讹传讹。

参考资料：

[1]Yahoo Answers：Did You Know How Much Pain a Mother Has When Giving Birth?

[2]James D. Hardy，Harold G. Wolff，Helen Goodell. Studies on Pain：An Investigation of Some Quantitative Aspects of the Dol Scale of Pain Intensity. The Journal of Clinical Investigation，1948.

[3]Listverse：5 Weird Scientific.

[4]赵承渊. 分娩镇痛：医学技术带来的人文关怀. 科学松鼠会，2011.

第三章

外面的世界没那么无奈

抗生素滥用：危害有几何？

窗敲雨

流言：中国国内抗生素滥用严重，且“抗生素滥用严重损害抵抗力，这也是中国癌症急剧增加的一大原因”。

真相

抗生素滥用确实是中国和全世界都面临的严重问题，但过度使用抗生素危害在于加速耐药细菌的蔓延，而不是损害人的抵抗力和导致癌症。

抗生素会导致癌症和损害免疫力吗？

确实有一些研究显示，使用抗生素与增加癌症风险相关。一项纳入了4个病例对照研究和一个队列研究的荟萃分析显示[1]，使用抗生素与乳腺癌风险轻微增加有关，另外也有研究提示抗生素使用与其他癌症（如前列腺癌、肺癌）风险增加存在相关性。不过，我们并不能以此得出“使用抗生素会致癌”的结论。

原因有三：其一，风险增加是统计分析得出的结论，虽然有统计学意义，但实际癌症风险增加并不大。以上述荟萃分析为例，调查发现使用抗生素的女性患乳腺癌的风险约为不使用者的1.175倍，而乳腺癌的发病率约在十万分之二十至三十之间[2]，绝对风险的增加并不多；其二，目前的研究只能说明抗生素使用与癌症风险增加相关，不能证明二者的因果关系，常使用抗生素的人也可能是由于其他原因更易患癌症；其三，可能存在其他未加控制的因素影响研究结果。

至于免疫，抗生素会对免疫系统造成一些影响，但几乎不会损害免疫力。很多药物都有引起白细胞减少的副作用，抗生素也不例外。作为免疫防线一部分的白细胞，减少之后可能引起免疫力下降。但是，这种副作用的发生率并不高（在百分之一以下），即使发生也多为轻度减少，不足以影响免疫力，而且停药后就可以恢复。

此外有一些抗生素，如阿奇霉素，还具有免疫调节的作用。阿奇霉素可以缓解非细菌感染引起的炎症反应，对治疗哮喘等疾病可能有益[3]，而且它不会抑制正常的免疫反应。

总的来说，抗生素对免疫系统有一些影响，与轻度增加癌症风险相关，但不能说它会导致癌症和损害免疫力。

耐药：抗生素滥用真正的危害

不合理使用抗生素的真正危害在于抗生素加剧了细菌耐药的情况。

抗生素在杀灭细菌的同时，也起到了筛选耐药细菌的作用。随着突变，少部分细菌产生新的耐药基因，它们在抗生素造成的生存压力下存活下来并继续繁殖，久而久之，耐药细菌就会越来越多，造成抗生素失去治疗效果。如果太多地把抗生素用在不必要的地方，就会增加环境中的细菌接触到抗生素的机会，从而加快耐药“菌”团的扩张。

现在，细菌耐药形势已经十分严峻。细菌对目前广泛使用的抗生素，大多有较高的耐药率。根据中国细菌耐药检测网 2009 年的数据[4]，在国内一百余家医院内检出的细菌中，葡萄球菌（金黄色葡萄球菌及表皮葡萄球菌），对甲氧西林、大环内酯类、喹诺酮类等多种常见抗生素均有超过 50%的耐药率，大肠杆菌对喹诺酮及第三代头孢菌素的耐药率也都在 50%以上，且有 66.2%的大肠杆菌可以产生超广谱 β-内酰胺酶。这是一种可以分解多种青霉素和头孢菌素类药物的酶，如果细菌可以产生这种酶，就能同时抵御多种同类抗生素的袭击。产生这种酶的常见细菌主要有大肠埃希菌（也就是大肠杆菌）和肺炎克雷伯杆菌。不仅如此，绝大多数抗菌药物都不能杀死的“超级细菌”也纷纷登场。

以往，人们通过开发新的抗生素来解决耐药问题，但现在开发新抗生素的速度已经远远赶不上细菌耐药的脚步了，因此，通过控制抗生素使用减慢耐药细菌的蔓延就变得非常必要。

减少滥用，我们能做什么？

合理使用抗生素是一个复杂的课题，需要专业人士综合运用细菌耐药数据、药物特性、感染风险评估、疾病特点等专业知识才能做出适当的选择。不过，身为非专业人员，牢记以下几条对促进减少抗生素滥用有所帮助：

（1）不要自己决定是否用药。抗生素是处方药，需经过医生的判断再使用。

（2）不要自己停药或减量。抗生素并非用量越少越好，要知道，不足量的使用更容易催生耐药。

（3）不要追求新的、高档的抗菌药物。

（4）无论何时，消毒和隔离都是对付病菌的好方法。

结论：流言粉碎。抗生素滥用是值得关注的问题，但抗生素并不会摧毁人的免疫系统，也没有证据表明它会致癌。为了引起人们对抗生素滥用的重视而夸大其危害并不是值得赞许的做法。如果因此产生对抗生素的误解，可能会在确实需要使用时抵制用药，延误了治疗，反而可能危及健康和生命。

参考资料：

[1]Sergentanis T N，Zagouri F，Zografos G C. Is Antibiotic Use a Risk Factor for Breast Cancer? A Meta-analysis. Pharmacoepidemiol Drug Saf，2010.

[2]王庆生，林小萍. 中国乳腺癌流行病学研究. 全国肿瘤学术大会论文集，2000.

[3]Hernando-Sastre V. Macrolide Antibiotics in the Treatment of Asthma. An Update. Allergol Immunopathol (Madr), 2010.

[4]吕媛，郑波，李耘，等. 卫生部全国细菌耐药监测（基础网）报告. 第8届全国抗菌药物临床药理学术会议论文集，2009.

不要误“毒”干洗剂

白鸟

流言：水洗冒充干洗、有毒化工产品……近日经过调查发现，某两家洗衣店衣物几乎全都是水洗；而专业洗衣剂，实际上是廉价洗衣粉；干洗剂则是有毒化工产品四氯乙烯，洗褪色了染一染掩人耳目；单件收费却10倍于洗涤成本。

真相

近来先后有多家媒体曝光洗衣行业“黑幕”，其中涉及的欺诈行为、价格是否合理等问题，超出科学讨论的范围，不过“干洗剂让衣服带毒”的指责是否合理，倒是值得来讨论一下的。

什么是干洗?

干洗是相对于水洗来说的。我们日常的绝大部分清洁是由水作为溶剂来实现的，而干洗则是用有机溶剂代替水来清洁织物。

如果把织物上面的污渍按它们的溶解性分类，可以大致分成脂溶性和水溶性两大类。其中绝大多数污渍，特别是像血液、奶渍、油污等等难以清理的物质，都属于脂溶性物质。它们不易与水结合，常规的水洗过程清洁能力较差，而使用脂溶性强的有机溶剂来清洁这类物质则容易很多，这和早年间劳动人民想到用煤油来清洗衣服上的油污其实是一个道理。

使用有机溶剂的另一个好处是，相比于水它们对某些织物的纤维损伤更小。除此之外，有机溶剂在清洁的过程中还可以杀灭更多的微生物。

四氯乙烯是不该使用的干洗剂吗？

因为干洗的这些特点，在选择使用哪种有机溶剂（或者几种化学物质的组合）作为干洗剂时，我们关注的关键指标有脂溶性物质的溶解能力、干洗剂对纤维和色度的损伤度及杀菌能力。另外，从实用的角度考虑，也要看清洗结束后能否尽量简单地将干洗剂从衣物中脱除干净，以及干洗剂的成本、毒性等等因素。

相比于煤油、汽油等石油烃类溶剂，四氯乙烯确实毒性较大，但因为在其他各方面都占有明显优势，所以直到目前，它仍然是绝大多数干洗店使用的干洗剂，也是准许使用的干洗剂。

虽然是准许使用，但对消费者来说，毒性问题恰恰是最关注的。

怎样让四氯乙烯变得安全

事实上，消费者是不需要担心安全性的。通过干洗后的衣物接触到的四氯乙烯的剂量极为有限，远不足以引起过敏、麻醉等症状，更不会造成肝中毒、致癌等其他需要更大剂量更长期接触才会产生的危害。这从干洗的步骤中就可以了解。

与日常水洗类似，衣物的干洗也大致分为3步：将衣物浸泡于溶剂中，通过滚搅使污渍与溶剂充分接触，并被带离织物（在水洗中，因为大部分污渍不溶于水，这个过程需要洗涤剂的辅助）；离心脱除干洗剂（因为不需要添加洗涤剂，也就没有了水洗中漂洗的步骤）；加热进一步去除织物上的干洗剂（有机溶剂的挥发性强于水，本就易于从织物中脱除，但烘干过程仍会将温度提升到80℃左右，停留15分钟，以保证尽量将干洗剂祛除干净）。[1]

如果消费者对于经历了这种苛刻的烘干过程的衣物仍不放心，你还可以把刚从干洗店取回的衣物晾晒一两天再收入橱中。

干洗后织物上残留的四氯乙烯量即使用目前最精密的仪器分析方法来测试，含量也是很低的，如果再放置几天，即使是不通风的情况下，织物上残留的四氯乙烯也基本无法检出了。再考虑到送去干洗的衣物通常都不是贴身穿着的，接触到的可能性更微乎其微。消费者并不需要担心自身的安全。[2]

真正需要担心的，其实是干洗店的环境和在那儿的操作人员。

“绿化”干洗

在一个行业内，保护员工与环境的最优方法是找到廉价且无毒的原料。

六十多年前，四氯乙烯就确定了自己在干洗业中的地位，至今无人撼动，但是不断尝试寻找更安全有效的替代溶剂仍是努力的目标。目前最理想的替代品是液态二氧化碳，它无毒，易于与织物分离，清洁力虽稍逊于四氯乙烯，但的确很有希望改变现有局面[3]。不过，在目前的技术水平下，要将二氧化碳维持在液态，运行成本还是太高。所以干洗剂仍等待着更高级的技术来给它去毒、降价。

找不到更清洁的替代原料，也可以退而求其次，用更多的手段限制有毒原料的泄露与排放。例如，使用全封闭式的干洗机，就可以回收烘干过程中蒸出的四氯乙烯，既节约成本，又保护了员工和环境。另外，使用过的四氯乙烯可以通过蒸馏纯化实现重复利用，就减少了消耗和污染。除此以外，员工需要做好防护措施，并保证良好的通风条件等。

很多时候，技术是解决问题的终极手段，而在它出现之前，则需要优秀的管理来保证安全。

结论：干洗行业目前还无法实现干洗剂无毒化，但衣物上的痕量残留对消费者的健康并不构成威胁，这个行业需要良好的管理来保证员工和环境的安全。

小贴士：

洗衣小提示

（1）并非所有衣物都适于干洗，具体应遵照衣物上的洗涤指南。

（2）干洗后的衣物取回后，在通风处放置 2～3 天，干洗剂残留量即可低至无法检出。

（3）涤纶织物存留四氯乙烯的能力略强，建议水洗，如经干洗，需多加晾晒。

参考资料：

[1]佘琼蕾，刘欣. 四氯乙烯商业干洗技术规范的标准化印染，2011.

[2]施点望，涂貌贞，等. 静态顶空一气象色谱质谱联用法测定纺织服装中四氯乙烯干洗剂残留研究. 质量技术监督研究，2009.

[3]吴微微，王淑娟. 干洗对服装面辅料配伍性影响的聚类分析. 纺织学报，2007.

购物小票中隐藏双酚 A?

月月

流言：小票中含有的双酚 A 可以通过皮肤进入人体，影响人的生殖系统，并诱发心脏病和癌症等。温馨提醒：小票别长时间攥在手里，手上有伤口的，更要慎重！扩散！

真相

对小票中双酚 A 的担忧可能源自 2010 年 7 月美国环保组织“环境工作组”在其官网上发布的一个报告[1]。他们的工作人员从美国 7 个州以及首府华盛顿的快餐店、食品商店、加油站及邮局收集了 36 个收款机打印出的小票，然后委托实验室进行检测，发现其中 40%的小票都含有高水平的双酚 A。与此同时，期刊《绿色化学快报与评论》也报告了从波士顿郊区收集的 10 个空白小票中，有 8 个检出了双酚 A[2]。

双酚 A 怎么会存在于这些小票中呢？这得从小票所用的纸说起。

购物小票用的什么纸？

购物小票常采用的纸叫做“热敏纸”，这种纸的应用很广泛，除了超市购物小票之外，也用于传真纸、POS 签购单、ATM 机的凭据以及彩票等。

热敏纸就是在原纸基础上涂布一个热敏层，热敏层包括 3 种成分：无色的热敏染料、弱酸性显影剂、填料（一般为长链脂肪族化合物，熔点 45℃～65℃）。双酚 A 是作为显影剂出现在其中的，和染料一起分散在填料中。在打印的时候，打印机的触针加热将填料融化，使得染料和显影剂接触，在显影剂的作用下，染料发生化学变化，从无色变为黑色或其他颜色，在纸上就显示出了需要的信息。

双酚 A 的健康风险尚未确定

双酚 A 的毒性已成为近年来的研究热点，尤其是其雌激素活性备受人们的关注。

早期的研究以动物实验为主，主要是观察一定剂量的双酚 A 对动物一些生理指标的影响，但由于这些剂量高于人体所暴露的剂量，所以不能用来评估双酚 A 对人体健康的危害。后来人们发现，长期低剂量的暴露也能造成这些指标的“病理变化”，而且这个剂量与人体可能摄入双酚 A 的最大量相当[3]，于是不少科学家对双酚 A 的安全性提出了质疑。流行病学调查结果也表明，尿液中双酚 A 含量与人体某些疾病有一定联系[4]，这更加剧了人们对双酚 A 安全性的担忧。

基于低剂量双酚 A 可能对人体健康产生不良影响（特别是生殖、神经系统及行为发育），尤其是考虑到婴幼儿相对于成人暴露水平较高的情况，2010 年 11 月世界卫生组织和联合国粮农组织（FAO）联合在渥太华召开了专家会议来评估双酚 A 的安全性[5]。会议对各个方面的研究进行了综合评价，认为根据目前已知的双酚 A 资料，暂时未能以低剂量双酚 A 的动物研究结果及流行病学调查结果，来确切评估其对人类健康的风险。也就是说，双酚 A 对人体健康是否有害，以及危害程度到底多大，尚不能确定。

从这个角度来说，在小票中检出双酚 A 的意义并不在于双酚 A 的毒性，而在于它使人们意识到一种新的接触双酚 A 的途径——之前人们一直认为日常生活中只有通过食品包装材料（塑料奶瓶、奶粉罐的衬里等）才会接触双酚 A，而现在发现，人体对双酚 A 的暴露量可能比预想的要大。

新的担忧：接触双酚 A 的新途径

更让人担忧的是，小票中双酚 A 的存在形式与食品包装材料不同，后者是被锁在高分子聚合物中的，以奶瓶为例，若不接触高温，不会轻易游离出来；而在小票中，双酚 A 本身就是以游离的形式存在，于是当我们接触小票的时候，其中的双酚 A 会沾到皮肤，再透过皮肤进入人体。

有研究发现[6]，在手干燥的情况下握住含双酚 A 的小票（已测得小票中双酚 A 含量为 8～17 克/千克）5 秒后，约有 1 微克的双酚 A 转移到食指和中指上，而如果手湿或者特别油的话，这个量可达 10 微克。

法国科学家丹尼尔·左克（Daniel Zalko）等[7]，用猪耳朵皮肤（实验室短期培养）及人皮肤（用于移植的小块皮肤）来研究双酚 A 的透皮吸收率，结果发现 65％的双酚 A 透过了猪耳朵皮肤，46％的双酚 A 透过了人皮肤。

而哈佛大学环境卫生系的布朗（Braun）等人在检测了 389 名孕妇尿液中的双酚 A 含量后发现，超市的收银员可能因为比一般人更多地接触小票，尿液中双酚 A 平均浓度最高，为 2.8 微克/克，而教师和工厂工人尿液中双酚 A 平均含量分别为 1.8 微克/克和 1.2 微克/克[8]。作者在讨论中谨慎地表示，由于所采的孕妇样本中只有 17 名是收银员，这个结果需要谨慎解读，但他们还是建议收银员在工作时采取保护措施（如戴上手套）。

该如何处理购物小票

虽然权威部门对低剂量双酚 A 的毒性尚未得出确切的结论，不过采取谨慎的态度，在日常生活中尽量减少对双酚 A 的接触是有意义的。目前已有一些造纸企业采用了其他材料来代替双酚 A。作为个人，通过养成一些良好的生活习惯，也可以帮助我们减少接触到双酚 A[1]：

（1）不要让婴儿或儿童触摸小票。

（2）如果可以选择电子发票，就别使用纸质小票了。

（3）需要保留小票的话，最好把它们单独放在一个信封里。

（4）接触过小票再接触食物的话，一定要彻底洗手（即便没有这东西，多洗手终归没错）。

（5）触摸过小票之后，不要使用含酒精的洗手液洗手，酒精能促进双酚 A 透过皮肤。

结论：部分证实。双酚 A 作为热敏纸的显影剂确实是存在于购物小票中的，接触小票后，双酚 A 有可能沾到手上并透过皮肤。虽然关于双酚 A 的毒理学研究已有很多，但它对于人体的毒性目前还没有权威、确切的结论。谨慎的做法是减少接触（孕妇和婴幼儿尽量避免接触），接触之后要彻底洗手。

参考资料：

[1]EWG：A Little BPA Along with Your Change?

[2]Mendum T，et al. Concentration of Bisphenol A in Thermal Paper. Green Chemistry Letters and Reviews，2011.

[3]云无心. 欧盟为何禁止双酚 A. 果壳网，2011.

[4]Lang I A，Galloway T S，Scarlett A. Association of Urinary Bisphenol A Concentration with Medical Disorders and Laboratory

Abnormalities in Adults. The Journal of the American Medical Association, 2008.

[5]Project to Review Toxicological and Health Aspects of Bisphenol A. 2010.

[6]Biedermann S, P Tschudin, K Grob. Transfer of Bisphenol A from Thermal Printer Paper to the Skin. Analytical and Bioanalytical Chemistry, 2010.

[7]Zalko D, et al. Viable Skin Efficiently Absorbs and Metabolizes Bisphenol A. Chemosphere, 2011.

[8]Braun J M, et al. Variability and Predictors of Urinary Bisphenol A Concentrations During Pregnancy. Environmental Health Perspectives, 2010.

自来水里有避孕药?

copperpea

流言：中国是避孕药消费第一大国，不仅人吃，且发明了水产养殖等新用途。避孕药的环境污染可导致野生动物不育或降低生殖能力。学者对饮水里雌激素干扰物的研究发现，23 个水源都有，长三角地区最高。另外，它们作为持久污染物，一般水处理技术去不掉。人体积累，后果难料。

真相

这条引来将近 2 万条转发的微博，援引了一则论文的表格作为附图。随后，它给出了消息出处——发表在 2012 年 2 月《环境学期刊》上的一篇论文。果壳网专门找到论文的第一作者 copperpea，并请他来亲自讲讲，“自来水与避孕药”事件中真实的情况到底如何。

问：微博上董良杰先生对你的文章进行了自己的解读，你对他这条广为流传的微博有什么看法?

答：本人的论文是英文文章，这条微博是在译为中文后，加上了自己的意思，完全曲解了本人的结论。

第一，水产养殖业使用激素类药物，并无证据表明由中国人发明，本人论文里对于水体中这类物质的来源引用的参考文献分别来自日本和英国，并无一字提及“中国人发明”。这3篇文献的发表时间分别为1983年、1998年和2003年[1][2][3]，可见西方国家使用雌激素要早得多。

第二，雌激素对野生动物确实有危害，但并不等于“避孕药的环境污染可导致野生动物不育或降低生殖能力”，环境中的这类物质含量是很低的，而研究雌激素对动物的作用仅仅局限于实验室中，实验中使用的雌激素浓度是环境水体中的几千几万倍以上，且必须长期持续暴露。有一些研究是有关小范围内水生态系统内的动物受到的影响，但很少有明确的结论表明影响与环境雌激素有关。

第三，那条微博只提及“水源里有”，有误导网友之嫌。本人的论文只是在水源水中检出这类物质，且浓度很低，而不是说的自来水。即使是文中报道的水源水中的含量也是很低的，不足以对人体健康产生危害。西方发达国家的水源水和自来水中同样能够检出各种环境雌激素，且浓度并不比中国低。[4][5]

第四，那条微博所述“一般水处理技术去不掉”，也在很大程度上误导读者，会让人以为一般水处理技术对这类物质没有任何效果，事实上，目前的工艺对这类物质还是有很好的处理能力的，去除效果最高可以达到90%以上。[6][7]

问：研究提到，在对中国6个主要水系的23个水源样

本调查后发现，所有样本都检测出有环境雌激素。这些雌激素的存在都是人为导致的吗？

答：环境雌激素包括天然雌激素和人工合成雌激素。天然雌激素指动物和人体内正常分泌的雌激素，同时还包括一些植物性雌激素和真菌性雌激素。人工合成的雌激素如口服避孕药和一些用于促进家畜生长、催乳的环境化学污染物也具有与天然雌激素相类似的功能，因此被称为类雌激素或环境内分泌干扰物。因此环境雌激素的存在并不能说完全由人为导致。

问：检测出环境雌激素的存在，是否就意味着对人体有害？

答：不一定，要看环境雌激素的效应强弱和浓度水平。一千克的铁能砸死人，为什么一千克松散的棉花却砸不死人？显然，因为铁的硬度和密度比棉花高得多，对人的伤害能力也强得多。化合物同样如此，结构上的差异决定其效应强弱。以文章里涉及的 9 种化合物为例，E2（雌二醇）和 EE2（乙炔基雌二醇，避孕药的主要成分）这两种化合物效应最强，是最弱的 BPA（双酚 A）的几万倍。因此，相同浓度水平下，我们只需考虑前两种化合物的效应，BPA 的效应可以忽略不计。但是，一千克的铁压不死人，一吨棉花肯定是能压死人的。当浓度足够大时，效应再弱的化合物也必须考虑它的危害。所以仅仅标注浓度水平甚至只说“有”、“检出”是不负责任的，要综合考虑化合物在水体中的浓度水平和它的毒性效应强弱。事实上，由于检测技术的快速发展，检测精度大幅提高，原来浓度很低而无法被检测到的物质也能被检测出来。因此“检出”并不一定指环境中这类物质增多，而可能意味着检测技术提高了。理论上只要检测手段无限先进，任何存在的物质都能被检测出来。如果提到“未检出”，必须要给出检测方法和检测限，否则是不科学的。

问：基于你们在水源地样本中检测出的雌激素浓度，喝这样的自来水有没有起到避孕效果的可能？

答：肯定不能，还是老老实实吃避孕药吧。每颗避孕药含乙炔基雌二醇约 20～30 微克，假如水中的乙炔雌二醇浓度为 1 纳克/升（0.001 微克/升），并假设水体中的乙炔基雌二醇能够 100％被人体吸收，那么你得在很短时间内喝完 2 万～3 万升水才能达到口服一颗避孕药的效果。显然你也不用避孕了，早就被撑死了。因此饮用水的雌激素含量在目前是根本不需要担心的，但是在科学研究上，必须有超前的意识。

问：是否已有定论说，环境雌激素对生态系统和人体健康会造成影响？

答：水体中的污染物到底在怎样一个水平，才会对生态系统和人体健康无害？这涉及一个风险评价的问题，简单来说，风险就是危害的可能性及损害程度。而风险评价就是，评价污染物在不同浓度水平时对生态系统和人体健康产生危害的概率及损害程度。

如果要研究水源水，就要进行生态风险评价。要求水生态系统中不能含有任何有害物质，显然不可能实现，代价也非常高，即使停止工农业生产和人类生活污水排放也不太可能。因此必须在环境保护成本和效果之间找到平衡点。

健康风险评价目前还难以操作，因为它的研究对象是人。显然你不能拿人，而只能拿小白鼠或细胞之类的对象去做实验。但将其他动物或微生物的实验结果外推到人身上是很艰难的过程，目前还没有很好的方法。而且人体摄入化合物的渠道很多——呼吸、皮肤接触、口服等，很难界定到底有多少是通过饮水进入体内的。简单粗暴地要求水厂的出水不含有任何杂质是不现实的。

就目前环境中的雌激素浓度而言，对生态系统和人体健康的影响可以忽略不计，远低于其他环境因素的影响。目前研究环境雌激素对鱼类等水生生物的影响仅局限于实验室研究或重污染水体，涉及的雌激素浓度是很高的，一般都在 1 微克/升以上，是水源水中浓度的几千倍以上，目前尚未有研究确证 1 纳克/升数量级这样的低浓度环境雌激素对鱼类的影响。对于人体健康，科学家仅仅只能猜测可能性，然后再进行大量追踪观察研究。退一步说，即使人不慎饮用了 1 微克/升以上浓度环境雌激素的自来水，也不会是一个长期持续的过程。因此对这类物质在人体中的积累和长期毒性根本不需要担心。

问：对于环境雌激素，能否像其他污染物一样，对这类物质所能接受的浓度水平，出台一个标准进行规定？

答：环境标准是根据风险评价的结果而制定的。而风险评价是制定环境质量基准与标准的基础。需要强调的是，风险是一个概率。比如某种化合物在饮用水标准中规定不能超过1毫克/升，那么喝化合物含量为2毫克/升水的人，并非一定会受到影响，只是说概率很大，所以不要去选择喝这样的水。反之，喝化合物含量为0.1毫克/升的水，也不一定就不会受到影响，只是说概率很低。环境标准就是根据这样一个概率制定的，尽可能地保护绝大部分人，但不能保证所有人不受影响。譬如对于具有致癌效应的污染物，标准一般要求其对人体的风险低于百万分之一（100万人里有1人会受到影响），应该说这个概率是非常低的。具体到饮用水领域，这个标准的制定还涉及每人每天的饮水量和寿命长短，一般指导值为2升和70岁。这已经考虑到了污染物在人体中的生物富集带来的影响。

结论：流言粉碎。虽然水体中含有雌激素这种物质，但雌激素这样的新型污染物，目前还没有相应的饮用水标准，不仅中国没有，美国等发达国家和世界卫生组织也没有。标准的制定是一个复杂而慎重的过程，对于这类没有研究清楚的污染物，随意制定一个限值是过于草率的。正如之前提到的，这类物质在水体中的含量很低，所以目前无须考虑水体中的雌激素对人体健康的影响，也不必急于制定相应的环境标准。

参考资料：

[1]Yamazaki F. Sex Control and Manipulation in Fish. Aquaculture，1983.

[2]Desbrow C，Routledge E J，Brighty G C， et al. Identification of Estrogenic Hemicals in STW Effluent. 1. Chemical Fractionation and in Vitro Biological Screening. Environmental Science and Technology，1998.

[3]Tashiro Y，Takemura A，Fujii H， et al. Livestock Wastes as a Source of Estrogens and Their Effectson Wildlife of Manko Tidal Flat，Okinawa. Marine Pollution Bulletin，2003.

[4]Kuster M，Jose Lopez de Alda M，Dolores Hernando M， et al. Analysis and Occurrence of Pharmaceuticals，Estrogens，Progestogens and Polar Pesticides in Sewage Treatment Plant Effluents，River Water and Drinking Water in the Llobregat River Basin (Barcelona，Spain). Journal of Hydrology，2008.

[5]Caldwell D J，Mastrocco F，Nowak E， et al. An Assessment of Potential Exposure and Risk from Estrogens in Drinking Water. Environmental Health Perspectives，2010.

[6]Chen C Y，Wen T Y，Wang G S， et al. Determining Estrogenic Steroids in Taipei Waters and Removal in Drinking Water Treatment Using High-flow Solidphase Extraction and Liquid Chromatography/Tandem Mass Spectrometry. Science of the Total

Environment，2007.

[7]Johnson A C，Sumpter J P. Removal of Endocrine-disrupting Chemicals in Activated Sludge Treatment Works. Environmental Science and Technology，2001.

一盘蚊香等于 6 包香烟吗？

白鸟

流言：盛夏来临，天天被蚊子抽血的教训真不好受，本想用蚊香祭奠一下这些小生灵，却被告知“点一盘蚊香等于连抽 6 包烟！”

真相

灭蚊，真的会有这么惨痛的代价吗？拿蚊香和香烟相比的做法原本不是空穴来风。蚊香作为热带地区夏季重要的灭蚊手段，点燃后产生的颗粒物和气体污染物，近些年来有不少研究是关于这类污染物对人体危害的。而同为室内空气污染源，又都是闷烧过程，拿蚊香和香烟做比较也是这类研究常用的手段（限于某个单项污染物指标的比较）。不过说到“一盘蚊香等于 6 包烟”，且问谁的毒理学水平那么高啊，两种混合物的毒性剂量能算到这么精密？这个问题和把空气污染折合成吸烟数类似，忽视了情况的复杂性，都是不够科学和准确的。

还是先认识一下蚊香焚烧会释放的各种物质吧。

除虫菊酯 这是蚊香中真正有效的灭蚊成分，一类模拟天然除虫菊的合成杀虫剂，对人类毒性不高，也没有致癌致畸效应。在各个文献中，蚊香所能释放的除虫菊酯的剂量都被认为对人是安全的。不过，整个蚊香的质量中，只有不到1%是除虫菊酯（在不同产品里的含量会有差异），真正让人担心的，是剩下那占99%多的辅料（主要是木粉和黏合剂等）的燃烧产物。

多环芳烃 这是一类分子中含有多个苯环的化合物，植物不完全燃烧时很容易产生，所以蚊香、香烟的闷烧过程都会有这类产物。它们中有一些具有强致癌性，有一些被怀疑有致癌性，所以是一类被严格控制的空气污染物。针对这一类污染物的研究证实，1克蚊香燃烧产生的多环芳烃总量远远小于民用燃煤、燃柴和卫生香，但比炒菜油烟中的多环芳烃量大一个数量级。而与另一个主角香烟相比，1克蚊香和1克烟丝的产量是持平的。一盘蚊香约15克，那在这个污染指标方面可以说，一盘蚊香等于点了15支烟。

甲醛 这种通常潜伏在装修涂料黏合剂中的常见室内空气污染物也可以在蚊香烟雾中检测到，甲醛对人的黏膜有刺激作用，长期吸入有致癌性。有文献显示一盘蚊香释放的甲醛量相当于点51支香烟。

一氧化碳 作为有机物不完全燃烧的产物，它可以抢占血红细胞中的血红蛋白，阻止氧气与之结合。有研究显示，同为蚊香，无烟蚊香比有烟蚊香释放的一氧化碳量大。

苯系物 主要包括苯、甲苯、邻二甲苯、对二甲苯等，这些物质也对呼吸道有刺激，有一定致癌性。燃烧蚊香后，室内空气中苯系物的含量逼近《室内空气质量标准》（GB/T18883-2002）的最高数值，如果开窗通风或者房屋面积较大就能达标，否则可能就要超标了。

PM2.5　蚊香燃烧释放的大气颗粒物主要集中在细颗粒部分，而这部分恰恰是对人体健康影响较大的成分，所以关注这个指标的文献较多。有研究给出一盘蚊香释放的PM2.5是一支烟的75～137倍，这个数字还要大于文章一开始提到的6包烟。

从上面这些数据可以看出，点燃蚊香的确对室内空气质量有很大的影响，不过简单粗暴地将一盘蚊香与6包烟作比较并不科学。两个污染源释放的污染物有差异，每种污染物的量又不同，现有的评价技术还不能根据这样一些数据估算出蚊香和烟的折合数量。不过不可否认的是，点蚊香的确会对室内空气造成污染。另外，现在还缺乏医学方面对蚊香造成的室内空气污染对健康危害的全面研究和评估。

蚊香？挨咬？两难选择

那么，蚊香是不是应该被取缔呢？先跑个题看一下另外一个故事：

农药DDT被发明出来的时候“二战”正酣，它的出现有效阻止了肆虐的疫情，因而在1948年，其发明人获得了诺贝尔生理学与医学奖。随之，DDT被大规模施用在农田、村庄、田野……用来控制各种病虫害。

不到10年时间，就开始有人质疑飞鸟因它而死。1962年，蕾切尔·卡森出版了《寂静的春天》，被誉为环境科学领域的开山之作，质疑以DDT为首的有机氯农药对生态系统的威胁。随后，人们意识到DDT在环境中很难被分解，还在生物的脂肪组织中蓄积。这种情况随着捕食关系还会逐渐加剧，最终将囤积在鹰、豹、人类这样一些顶级摄食者体内。1973年美国正式禁用DDT，随后的80年代，世界各国逐渐加入禁用行列。这个曾经头顶光环的化合物如今成了环境科学教材中的反面角色。

但故事到这儿并没有结束。2006年世界卫生组织开始号召非洲国家重新启用DDT控制疟疾。原来自DDT被禁用后，疟疾随着蚊子的肆虐卷土重来，而人类新合成的杀虫剂虽然降解速度比DDT快很多，环境影响更小，却对疟疾无能为力。不过世界卫生组织的这次重启规定了严格的施用条件：仅限于蚊虫高发的室内环境，严禁用于室外和农田，以防其再次随着食物链传递。

和DDT类似，简单的禁止使用和超量使用蚊香都有可能影响生活品质。北方的夏天，开着空调，屋里可能只有一两只蚊子骚扰，或打死，或忍耐，都不是太痛苦的抉择。但在潮湿闷热水质不佳的环境下，蚊虫可能大量繁殖，传播疾病，如果能合理、适量地使用灭蚊措施，带来的收益将会大于风险 。从这个方面来说，将蚊香和香烟做比较也是不合适的，香烟那可是百害而无一利。

是不是要继续使用蚊香，最好根据实际情况来判断。现在除了蚊香，还有蚊帐、驱蚊水、电灭蚊片等防蚊的手段可供选择（灭蚊攻略详见果壳网“如何和蚊子完美地死磕到底?”）。而如果使用蚊香的话，也有几个减少污染的小贴士推荐给大家：

点蚊香时注意通风　这样有利于污染物扩散，当然，蚊子也会这么希望的。

选用无烟蚊香　除了一氧化碳，总体上无烟蚊香的污染物要明显少于有烟蚊香。

减少使用量　鉴于蚊香的灭蚊能力比较强，可以根据情况适当地减少蚊香的用量，不要取出一整盘就一次全点完。

选择污染小的产品　不同品牌的差异还是比较大的，有一项调查发现，中国产的蚊香释放的污染物总体上要小于马来西亚等国的产品。

结论：流言粉碎。蚊香和香烟不具可比性。

参考资料：

[1]Liu Weili, et al. Mosquito Coil Emissions and Health Implications. Environ Health Perspect, 2003.

[2]方圆，等. 盘式蚊香对室内空气品质的影响. 建筑热能通风空调，2006.

[3]刘晓途，等. 蚊香和佛香燃烧过程中苯系物的排放研究. 中国环境科学，2011.

[4]周红仓，等. 蚊香燃烧产物中多环芳烃的分布规律及相关性研究. 环境科学学报，2010.

[5]陈华锋，等. 蚊香烟气气溶胶单粒子的粒径和质谱测量. 环境科学与技术，2007.

汽车空调能散发出致癌的苯吗?

小耿　整理

流言:进入车内不要马上打开空调,先打开车窗通风几分钟再开空调。因为根据研究,汽车的仪表盘、沙发、空气过滤器会释放苯(闻一闻你车里高温下的塑料味儿吧),这是一种致癌毒素。暴露其中会导致白血病,大大增加患癌的风险。除了致癌之外,苯还会侵蚀我们的骨骼,造成贫血和降低白细胞数量,长期也可能导致流产。苯的可接受水平为每平方英尺(注:原文如此)50毫克。停在室内、窗户紧闭的车辆可产生400～800毫克的苯。停在户外大太阳下、温度超过60华氏度(15.6摄氏度),苯就上升至2000～4000毫克,超出允许量的40倍!车内的人将不可避免地吸入过量的毒素。在进入车内之前,建议先打开门窗让空气对流。苯是会影响肾脏和肝脏的毒素,而且很难从身体中排出。

真相

这条流言本身就被误读得很厉害。许多读者看完这则流言后的印象是:它警告司机不要使用汽车空调,因为空调系统本身就会散发出苯。实际上,文章想表达的是:不要一上车就立刻开空调，而应该先摇下车窗、让积累的“苯气味”（按流言的说法是由仪表盘、内饰等组件散发的）从车中散出去，然后再关上车窗打开空调。

另外，我们知道，讨论气体中化学物质的含量，应描述为每单位“体积”中的质量，而非每单位“面积”中的质量。流言称苯的可接受水平为“每平方英尺”50毫克，显然是不对的。美国癌症研究协会的网站在评论这条流言时说，“虽然这只是个小的单位问题，但它也反映出此流言创作者可能对于基本科学概念所知非常有限。”

抛开这两个技术细节不谈，剩下的内容里，又有多少是事实呢？

苯确实是一种致癌物质

美国癌症研究协会指出，有证据表明苯与白血病风险增高有关联[1]：“相当多的人类研究证据表明，苯与癌症之间存在关联。最初有报道称，对于暴露在高水平苯环境下的工人（化工、制鞋、炼油等行业），白血病，尤其是急性髓细胞白血病的风险有所增加。近期更多的研究则针对暴露在相对较低水平下的工人。”

动物研究也取得了相符的结果。有充分的动物实验证据证明了苯的致癌性。一些重要的动物实验结果支持早先的发现：吸入和摄入的苯可导致人类白血病风险增加。综述此类研究的详情，苯与癌症的关联性得到肯定。

苯的可接受水平

美国管理部门并未设立过所谓“苯的可接受水平”。美国国家职业安全卫生研究所（NIOSH）对工作场所的苯含量有两个限制值：短期（15 分钟内）为每立方米 3.2 毫克，长期平均为每立方米 0.32 毫克。而流言中说的“每平方英尺 50 毫克”可换算为每立方米 1765.7 毫克，比短期暴露的限制值还大了数百倍！只能理解为流言创作者弄错了单位或犯了别的数学错误。“每立方英尺 50 毫克”这个数值毫无意义。

虽然 NIOSH 提供的两个苯含量限制值是针对一些行业的工人的，但我们也可以作为参考，衡量汽车内部空气的苯含量水平。

汽车中真能产生达到潜在致癌级别的苯吗？

这一点并没有科学证据。2001 年韩国的一项研究调查了城市中车辆通勤时间较长的人群（包括坐小轿车和坐巴士），虽然确实发现使用车辆会增加苯的暴露，但他们的发现与上述流言中的描述有明显的区别[2]：

第一，乘坐车辆增加了多种有害物质的暴露水平，苯是其中之一。但导致这一情况的首要因素是车辆使用的油料，而非仪表盘等车内组件。

第二，旧车中苯的含量要高于新车。这说明仪表盘、内饰等组件散发出的“新车味”并非影响车内苯含量水平的首要因素。

第三，在冬天，苯暴露水平显著升高。这说明汽车空调的使用并非苯暴露的主要因素。

此外，这项韩国研究也没有发现通勤导致的苯暴露和癌症之间有什么联系。2007年德国有一项关于“停泊车辆内部空气的毒性”的研究[3]。研究人员设置了相同品牌的一辆新车和一辆使用3年的旧车，置于高瓦数灯光之下，使温度上升到150华氏度（65.6摄氏度），收集了车内气体。之后他们将来自人类和仓鼠的实验室培养细胞暴露在这些气体的提取物中。这是毒性测试的正常手段。研究表明，来自新车的气体并没有表现出毒性，只是引起了一些微小的免疫反应，理论上这些反应在一些人体内可能导致过敏。旧车则无此现象。结论称：“停泊车辆的内部空气没有发现明显的健康危害”。他们还发现，新车内的挥发性有机物总量为每立方米10.9毫克，其主要成分并不包括苯。而流言却宣称：太阳下车辆内的苯含量可达每平方英尺2000～4000毫克，合每立方米70.6～141.3克。这个数量的苯收集起来，体积几乎有一两瓶花露水之多！显然是荒谬的。

即使我们假定流言创作者弄错了单位，“帮他”把上述数值中的“克”改为“毫克”，仍然不合理。如此修改后，流言所称的苯这一种物质的含量，仍比上面研究实测的所有挥发性有机物总量还要大10倍左右。何况苯甚至还不在研究检测出的40多种有机物之中。

美国癌症研究协会还调查了德国、韩国和美国的其他几项研究，最后总结道："我们在已发表的研究中，没有发现能确证流言中这一观点的证据。在一部分针对行驶车辆的研究中，苯暴露水平超过了工作场所慢性苯暴露推荐水平，但这些程度的苯在保养适当的车辆中不太可能出现。"

如何避免和降低苯危害

尽管没有科学证据支持车内空气的苯含量足以导致癌症，但日常生活中还有其他途经可能会接触苯。美国癌症研究协会建议：

如果你担心车内的苯污染，大可定期开窗通风，或将空调设置为循环状态，使车内外空气流通。以下一些方法也可以降低日常接触苯的量：

远离香烟。如果你是吸烟者，请戒烟。吸烟是苯暴露的主要来源。如果你的工作环境中含有苯，可与雇主商量改变工作流程（例如采用其他溶剂替代苯，或确保将苯适当地保存在封闭条件下），或使用个人保护装备。如需要，职业安全与健康管理局（OSHA）可提供信息咨询或前往进行检查。

减少接触汽油，加油时小心操作，或选择有油气回收系统的加油站。汽油含苯，应避免皮肤接触。

最后，当遇到一些溶剂、油漆、颜料等化学物质时，借助常识判断其是否可能含苯。减少和避免与这些物质共处，特别是在不通风的场所。

流言中有一个观点是可取的：在热天，当你回到门窗关闭的车辆中时，应该先打开车窗晾一会儿再开空调。但原因和苯无关，而是因为停在太阳下、门窗紧闭的车辆会产生一种温室效应，使得车内温度比车外高出很多。开一会儿车窗可以通过气体交换来加快温度下降，这比单靠空调降温要有效。

结论：流言粉碎。这则“汽车空调散发出致癌的苯”的流言，包含诸多概念与观点的谬误。事实上，虽然有研究发现使用车辆会略增加苯的接触，但并未发现这一接触水平会导致癌症风险升高。包括吸烟在内的其他途径才是日常生活中苯暴露的主要来源，而且我们也有很多应对的方法，可以避免和降低苯的危害。

参考资料：

[1]American Cancer Society：Benzene.

[2]Jin-Woo Lee，Wan-Kuen Jo. Actual Commuter Exposure to Methyl-tertiary Butyl Ether，Benzene and Toluene While Traveling in Korean Urban Areas. Science of The Total Environment，2002.

[3]Jeroen T M，Buters，et al. Toxicity of Parked Motor Vehicle Indoor Air. Environ. Sci. Technol，2007.

Wi-Fi 杀精？

Albert _ JIAO

流言：Wi-Fi 杀精于无形，精子 DNA 受损严重。

真相

提起辐射和辐射安全，首先要区分是哪一种辐射。核辐射、紫外线辐射、手机辐射、高压线的辐射都有所不同，对健康的影响差别也很大。

整体认识：微弱的射频信号不会对人体健康产生影响

具体来看这则流言，首先，Wi-Fi（无线上网）使用的电磁波波段一般是 2.4～5 吉赫，和手机使用的射频电磁波波段比较接近（比手机使用的频率稍微高一些），属于非电离性辐射，主要是其对人体组织的加热作用可能会影响健康，需要比较大的强度才会造成伤害。

在过去的几十年，研究人员对这一波段的电磁辐射与某些疾病发病率之间的关系进行过很多研究，其中也不乏认为会产生影响的结果，但这些研究大都只是猜想或者得出很微弱的联系，没有得到广泛认可，也没有上升到令人担忧的程度。比如流言所涉及的《阿根廷研究称笔记本 Wi-Fi 会降低男性精子活力》[1]，追踪其原始论文，研究人员认为可能存在热效应以外的其他效应降低了男性精子活力[2]，但这项实验中只不过将体外的精液连续接受辐射 4 个小时，与让体内精子接受 Wi-Fi 辐射的实际境况有所不同；实验中精子移动率下降，DNA 片段化增多的那部分精子是否会对整个精子群体有明显影响也有待确定；此外实验样本只有二十几个，重复试验并未进行；对照组的设置还存在不合理的地方。因此，简单推论到笔记本 Wi-Fi 会降低男性精子活力还为时过早，需要更多的研究验证。科学界对于日常生活中这一类辐射的基本看法仍然是："目前没有可信的证据可以证明微弱的射频信号会对人体健康产生影响。"

其次，要说明的是，无线上网的辐射大小主要取决于信号的功率，与无线路由器的带宽没有必然联系。带宽相当于你在同样时间内表达的信息量大小，功率相当于你说话时的声音大小。通信的带宽取决于很多因素，带宽大不意味着辐射一定大，比如第一代手机大哥大的辐射比现在的手机大很多，可是它的带宽却很小，只能传输声音信号，连短信功能都没有；最新的手机可以传输各种多媒体信息，产生的辐射反而在减小。

实际测量：远小于安全上限

如今城市中无线上网服务的覆盖率越来越高，到处都可以见到 Wi-Fi 接入点，那么这些无线网络接入点产生的辐射到底有多大呢？

2007 年香港电讯管理局曾经测量了市内餐厅、便利店、图书馆、住宅、办公室等各类地点 62 个 Wi-Fi 无线路由器周围的辐射强度[3]，发现测量值只有国际非电离性辐射委员会的安全上限的 0.03％～0.3％，而且这些辐射值都是在很靠近无线路由器的位置测量的，大多数情况下从路由器接收到的辐射还会比这些值低很多。因为香港人口稠密，面积狭小，无线上网又很普及，Wi-Fi 站点很密集，相较其他城市而言，辐射情况算是很高的了。加上不同城市使用的无线上网设备也基本没什么差异，所以这个测量结果还是具有普遍性的。英国健康保护局曾估计，即使一个离身体有一段距离的无线路由器常年开着，它 1 年所产生的辐射量大概也只相当于打几十分钟手机的辐射量[4]。

当然以上只是考虑无线路由器一端的辐射，如果你经常使用无线上网，还要考虑一下笔记本电脑一端的辐射。无线路由器天线直挺挺地立在外面，非常显眼，难免让有辐射恐惧症的“MM”看后浮想联翩，心生疑云。但事实上，对于 Wi-Fi 使用者来说，无线上网辐射的主要来源并不是那些外表看起来“很专业很辐射”的路由器，而是在上网时自己手上的笔记本电脑。因为这时候用户的笔记本电脑里的天线和路由器上的天线之间互相接收和发送信息，笔记本电脑里面的天线发出的辐射并不比路由器的辐射小多少，而电磁波辐射的功率大小是和距离的二次方成反比的，一般情况下无线路由器可能在几米的距离之外，而笔记本电脑就在眼前，不过几十厘米，这样一来，真正的辐射源往往是自己的笔记本电脑。

那么笔记本电脑的无线上网功能和手机的辐射大小相比较又如何呢？根据英国健康保护局的研究[5]，笔记本电脑无线上网的辐射吸收比率 SAR 值①只有使用手机接听电话时的 1%，其中的主要原因还是上面提到的距离远近。因为手机可以紧贴着大脑，而笔记本电脑离身体还有一段距离。不过，我们无线上网时一次就要使用几个小时，手机通话一次几分钟，考虑时间长短，笔记本电脑无线上网的辐射量与手机辐射量应该大概在一个数量级上。

无论笔记本电脑还是手机，它们的辐射值通常都在毫瓦每平方米这个水平上，远低于国际非电离性辐射委员会制定的安全上限——10 瓦每平方米（这个上限值只是一个以防万一的安全限制，并不是说超过这个值，就会生病，只是会有轻微的健康风险）。

结论：流言粉碎。和手机辐射一样，无线上网的路由器和笔记本电脑一端产生的辐射都在安全范围以内，不必

---

① 辐射吸收比率 SAR 值：人体组织单位时间内吸收的电磁辐射量。

惊慌。

参考资料：

[1]阿根廷研究称笔记本 Wi-Fi 会降低男性精子活力.

[2]Conrado Avendaño, Ariela Mata, et al. Use of Laptop Computers Connected to Internet Through Wi-Fi Decreases Human Sperm Motility and Increases Sperm DNA Fragmentation Conrado Avenda? Fertility and Sterility Online, 2011.

[3]Radio frequency Radiation Measurements Public Wi-Fi Installations in Hong Kong, Office of the Telecommunications Authority, 2007.

[4]BBC. Wi-Fi Health Fears Are "Unproven".

[5]Wi-Fi the HPA Research Project: Exposure to Electromagnetic Fields from Wireless Computer Networks (Wi-Fi) - Report on Results, 2011.

围脖能保护甲状腺免受核辐射吗？

沐右

流言：在郑渊洁的新书《皮皮鲁送你 100 条命》第 29 条命——救命围脖里，对核辐射的防护是这么说的，“核辐射是甲状腺的天敌。人身上的甲状腺最怕核辐射。发生核辐射时，要保护脖子。用围脖护住自己的脖子。外出要穿长袖衣服，戴墨镜、戴口罩。回家要淋浴。尽量不要外出。”这个说法有道理吗？

真相

用围巾包住脖子来防护辐射对甲状腺伤害的说法，最先出现于 2011 年 3 月份日本福岛核事故期间的一篇新闻报道里。不知道是受访者还是采编出现了问题，这一错误的说法出现在了最终的新闻中，经过诸多媒体转载之后，引起了不小的影响。在那个连食盐都能哄抢的恐慌时期，很多读者都相信了这个说法，转告亲友要围围巾或者戴围脖，保护甲状腺。尽管当时不少学者都在网上批驳了这一说法，但是辟谣明显没有流言的传播广泛。“童话大王”郑渊洁当时就引用了这一新闻发微博，提醒大家要用围脖防辐射保护甲状腺，应该也是没有看到相关的辟谣。因此，这一个错误的观点混进了郑渊洁给小朋友的人生建议里也就不奇怪了。

围脖防辐射吗？

我们知道，原子弹和核电站都是利用放射性元素发生裂变反应时放出的能量。在裂变反应中，一个原子核在中子的轰击下会分成两个或者多个部分，变成轻一些的其他元素，同时放出大量的能量。当发生核爆炸或者核电站有严重事故之后，会有大量的放射性物质释放出来。这些放射性元素会发生衰变，放出核辐射的各种射线。由于这些射线的微观粒子带有的能量要比分子化学键的键能高，因此有可能破坏人体内分子的化学键。接收到大量的辐射有可能对人的身体造成严重的伤害，并且有可能诱发癌症[1]。对于体外发生的核衰变反应，衣物可以阻挡包括 α 和 β 射线的一部分辐射，但是对 γ 射线无能为力。因此用围脖包裹脖子会有那么一点作用。但是，对于发生在体内的核衰变就没有任何影响了。

更重要的是，核污染区的空气里会有很多的放射性粉尘。因此，最好用衣物保护住裸露部位的皮肤，并在之后及时将这些粉尘洗掉，以防止它们继续对人体造成电离辐射的伤害。从这个意义上来说，围脖能起到一定的作用。但是这两个小小的作用跟甲状腺和脖子都没有特殊的关系。这样的防护，对于全身的裸露部位都是有必要的，因此郑渊洁给出的第 29 条命里说的“外出要穿长袖衣服，戴墨镜、戴口罩。

回家要淋浴。尽量不要外出。”其中的“穿长袖衣服”、“戴口罩”和“回家要淋浴”还是有道理的。

那么，为什么谈到核辐射防护的时候常常会特别提到甲状腺呢?

甲状腺是脊椎动物非常重要的腺体，属于内分泌器官，我们的甲状腺位于气管两旁[2]。甲状腺的主要功能是利用人体内的碘元素生产甲状腺素，其对我们的生命活动十分重要，具有增强新陈代谢，促进人体生长发育尤其是大脑发育的功能[3]。把甲状腺和核辐射联系起来的就是碘元素。

我们日常接触到的碘元素是原子量为 127 的稳定元素。我们知道，原子弹和核电站是利用了放射性元素铀 235 或者钚 239 发生裂变反应时放出的能量。在这个过程中，会产生许多种新元素。这些新生成的元素里面，就会有一定的原子量为 131 的碘元素，这是一种有放射性的碘元素，半衰期约为 8 天。在发生原子弹爆炸或者核电站泄漏的时候，就会有一定量的放射性的碘 131 和其他的一些放射性元素释放到附近的区域。

这些碘 131 会对甲状腺造成严重的威胁。因为人体内 70％～90％的碘都集中在甲状腺里[3]，碘 131 一旦进入人体，就很容易在甲状腺富集起来，使得甲状腺更容易受到辐射的伤害，有可能诱发甲状腺癌。

碘怎么进入人体呢?

碘可以通过食物、饮水、空气等途径进入人体，一般情况下，人体摄取的碘约80%～90%来自食物，10%～20%来自饮水，来自空气的不足5%[3]。在核污染区里面，碘131主要通过被污染的食物和饮水进入人体，少部分通过呼吸的空气，围个围脖对哪一种途径都不会有什么影响，没有任何的防护作用。

那么，什么才是预防碘131对人体造成伤害的正确措施呢?

人体对碘的吸收有一个特性，当甲状腺“装满”碘的时候，再进入到人体的碘就很难被吸收利用了，而是会通过代谢排出体外。所以，可以利用这一点来减轻核污染区的碘131对甲状腺的伤害。

只要在受到核污染之前摄入足够多的碘，就可以保证放射性的碘不会在人体内停留太久，避免在甲状腺大量富集而造成危害。实验证明，在受到核污染的区域每天服用碘片可以有效地减少放射性碘131对甲状腺的伤害。碘片的含碘量一般都比较大，一片相当于每天人体正常需要碘的数百倍[4]。2010年日本发生核危机的时候，一部分哄抢食盐的人群就是因为误以为可以通过多吃食盐来防护辐射伤害，实际上食盐里面含碘量很低，根本不可能达到有效剂量。

从上面的分析可以得出，这个围脖保护甲状腺的建议来自一则不靠谱的新闻，是关于甲状腺、碘131、辐射防护等知识的错误理解，并不正确。

结论：流言粉碎。在核污染区里面，为了防护放射性粉尘的伤害，郑渊洁给出的“穿长袖衣服”、“戴口罩”和“回家要淋浴”的建议是有道理的，这时最好能用衣物保护住所有裸露部位的皮肤，并在之后及时将放射性粉尘洗掉。但是建议里面提到的“用围脖护住自己的脖子”是流言。为了保护甲状腺，在核污染区域应该服用碘片，围脖没有特殊的防护作用。

参考资料：

[1]沐右. 辐射伤害知多少？（上）. 科学松鼠会，2010.

[2]Wikipedia. Thyroid.

[3]中国食盐加碘和居民碘营养状况的风险评估. 国家食品安全风险评估专家委员会. 2010.

[4]Wikipedia. Potassium Iodide.

高铁辐射很大吗？

Albert _ JIAO

流言： 尽量不要坐高铁，高铁乘务员最近又招了一批，上一批集体辞职了，因为高铁辐射严重，乘务员不是不孕就是流产，因为我国引进的只是高铁机芯，而车厢和防辐射设备根本没有！因为一块半米的防辐射玻璃要 3 万块，他们省到了自己腰包，而百姓却要深受其害！如果不相信，有人在高铁上实测了电磁辐射的变化，很明显，在加速的时候特别是维持在高速运行的阶段，电磁辐射很大，甚至有的时候还要超过微波炉的电磁辐射。

真相

其实不只是高铁，电力机车、电传动内燃机车、地铁、有轨电车以及其他很多使用电力驱动的交通工具都会产生电磁辐射。列车车厢内的电磁辐射，不仅和列车使用的电气特性有关，还与车辆类型、测量点在车厢内的位置和高度、列车行驶状态等复杂的因素有关。下文讨论中，我们将重点关注高铁列车乘客车厢中的电磁辐射。

高铁辐射有多大？

高铁是高速铁路的简称。中国高速铁路上运行的列车，使用的电力一般为25000V、50Hz交流电。相应地，高铁的高压电力设备就会辐射出这个频率段的电场和磁场。

1. 频率为50Hz的电磁场辐射限值

根据ICNIRP的安全标准[1]（ICNIRP是国际非电离辐射防护委员会。这是一个非政府的独立组织，由多个领域的专家组成。这个组织根据最新科研进展，评估各种非电离辐射对人体健康的潜在危害。ICNIRP提出的辐射安全标准已经被几十个国家和国际组织采纳。中国国家环保总局的相关标准也参考了ICNIRP的标准[2]），高铁产生的50Hz左右的“极低频电磁辐射”，电场辐射的安全标准为5kV/m（kV/m即千伏特每米，电场强度的单位）以下，磁场辐射为100μT（μT即微特斯拉，磁感应强度的单位）以下。这一安全标准是根据国际上相关医学研究制定出的，目前还没有足够的科学证据表明这一标准需要调整。

2. 中外高铁列车磁场辐射实测

高铁上运行的列车有不同的类型。一种是动力集中式，这种列车主要的电气设备和牵引电机集中在列车一端或两端的机车上，与乘客车厢是分离的。另一种是动力分散式，动力系统分布在多个车厢。英国1998年一项研究表明[3]：动力集中式列车的电磁辐射集中在机械间、司机室附近；乘客车厢的磁场辐射值一般在30μT以下，在乘客坐着的高度，典型的辐射值小于 5μT。动力分散式列车，特别是早期型号，在车厢地板高度上的电抗器附近可以测到比较大的磁场辐射；但乘客全身收到的辐射量仍然在安全范围内。

中国的情况如何呢？检索中文期刊，我们没有找到关于乘客车厢内的磁场辐射的文献报道。但互联网上曾经流传过一段视频，视频中有人用仪器在列车的车窗附近测量了磁场辐射值，测到的值大约是 10μT 左右。遗憾的是视频只测量了车窗附近的磁场辐射，也没有说明是在什么类型的高铁列车上进行的。而且该视频并非源自正式的媒体报道，仅可作为参考。但仅从该视频中来看，这个实测的磁场强度值是在 ICNIRP 规定的限值（100μT）以内的。

3. 中国动车组电场辐射实测

一篇 2012 年的中文论文[4]测量了动车中的电场辐射，发现对于和谐号 CRH2A 和 CRH5A 型动车组，在一等车厢、二等车厢、车厢连接处、驾驶室等位置，电场辐射值分布在 0.011～0.021kV/m 的范围内。这个值也在 ICNIRP 规定的限值（5kV/m）以内。

4. 其他频段辐射

除上述 50Hz 工频辐射之外，高铁也会产生其他频段的辐射。其产生原因很多，比如因为受电弓和接触网接触不良而产生的辐射，以及电流在变压、变频等过程中相关元件产生的辐射等。这类辐射的频率范围较广，从几十 Hz 到 2GHz 都有分布。对于这类辐射有相应的研究，也有国家标准[5]对其测量方法和数据处理方法进行了规定。

国内2010年有一篇论文对动车组列车车厢内的这类辐射进行了实测和分析[6]，论文重点关注了30MHz～200MHz频段的辐射。经实测，这个频段的辐射在车厢内电场强度只有50dBμV/m左右，不到1mV/m（毫伏特每米）。而ICNIRP给这个频率波段的电场辐射制定的安全标准是28V/m[1]，中国国家环保总局制定的电磁辐射防护标准则未指定限制，而是给出参考值为12V/m[7]。无论按哪一个值来看，上述研究中的测量值与安全标准相比还有较大距离。对这类辐射一般只考虑对电子设备的干扰，对人体的影响可以忽略不计。

高铁辐射与微波炉辐射

流言中说“高铁电磁辐射超过微波炉的电磁辐射”，这个说法很容易引起误解。首先，这里与高铁的电磁辐射进行比较的显然不是指微波炉内部产生的、用来加热食物的微波辐射。这二者频率不同，无法直接比较。更何况微波炉的微波辐射被金属炉身限制在其内部，并不会对外面的生物产生危害。如果要比，就应该与微波炉（以及其他家用电器）向外散发的低频辐射进行比较。以下是家中一些电器在30厘米距离上磁场辐射值的大小[8]，可作为参考：

微波炉：4～8 μT

日光灯：0.5～2 μT

洗衣机：0.15～3 μT

电冰箱：0.01～0.25 μT

电视机：0.04～2 μT

电脑：小于 0.01μT

前面说过，有研究测出车厢内的磁场辐射值在 30μT 以下，典型为 5μT。可见高铁车厢的辐射相比于部分常见家用电器的辐射还是要高一些，但也仅仅是略高，且都在安全范围（100μT）内。还要考虑到我们在火车上的时间一般只有几个小时，因此不必过于担心。

3 万元的防辐射玻璃存在吗？

流言里还提到有一种“半米价格就要 3 万元的防辐射玻璃”。不过经过网络搜索，我们并没有发现这种玻璃在哪里有卖。

防辐射玻璃一般是指用在医院 X 光室或者核电站、掺入少量铅的玻璃。它可以吸收和阻挡 X 射线辐射和核辐射。这种玻璃防护的是电离辐射（可以破坏分子、对生物体造成伤害的辐射，包括 X 射线、核辐射等），而低频电磁辐射属于非电离辐射，与这类防护玻璃风马牛不相及。也有的防辐射玻璃是指一些建筑使用的吸收阻挡热量辐射、让房间冬暖夏凉的玻璃[10]。这些辐射指的都不是高铁上的这种低频电磁辐射。

即使这种用于防护低频电磁辐射的玻璃真的存在，对于高铁辐射也不会有多大用处。如前所述，车厢内部的电磁辐射主要来源于有动力的车厢底部的牵引电机。除非把这种“防辐射玻璃”铺在地板上，否则就跟车厢内辐射关系不大。事实上，车厢本身的金属外壳对于电磁辐射就有一定屏蔽作用。列车设计者会让车厢底部的金属板厚一些，以阻挡来自于牵引电机的辐射。

高铁的辐射让乘务员不孕？

上面谈了高铁辐射对一般人群的影响。那么，对于长期在高铁上工作的乘务员们，高铁辐射会让她们“不孕”或“流产”吗？

首先来看动物实验。根据世界卫生组织的报告[11]，科学家以往做过很多关于极低频电磁辐射对生物生殖系统影响的研究，比如在实验室里把怀孕的小白鼠连续几十天放到不同强度的极低频电磁辐射之下，观察小白鼠有没有出现流产、不孕、胎儿畸形一类的现象。大部分结果都发现，不仅在高铁车厢的辐射强度级别下（几 μT 到几十 μT），就算是一些实验中辐射强度达到数千数万 μT，是高铁辐射的很多倍，小白鼠也可以健康地生出小小白鼠，没有发现极低频电磁辐射可以导致生物不孕或者流产的“罪证”。

除了在小白鼠身上做实验以外，研究人员也调查过日常生活中接受不同电磁辐射的人群的怀孕和流产率是否有明显的不同，包括不同职业、不同生活习惯（像平时是不是经常使用可以产生极低频电磁辐射的电热毯）的人群[11]。研究结果不一，其中大多数研究没有发现接受电磁辐射相对较多的女性不孕和流产的比例明显增高；最严重的也只是“风险相比于普通人稍高一些”，比如有研究认为在 24 小时全天候接受最大为 3.51 μT 极低频电磁辐射的情况下，女性早产风险值是正常情况的 2 倍[12]。不过此类调查也存在一些缺陷，比如有研究发现在电气设备附近工作的女性流产率稍高，但是无法排除到底是因为辐射，还是因为工作劳累或噪声等其他原因。综合这些研究结果来看，“乘务员不是不孕就是流产，都集体辞职”的恐怖情况纯属危言耸听，是不会出现的。

结论：高铁作为电力驱动的交通工具的确会产生辐射，但是车厢中的辐射值仅仅是相比于家中的那些家用电器大一些而已，符合国际电磁辐射安全标准，目前没有证据证明对人体健康构成威胁。防辐射玻璃防的是电离辐射，与高铁电磁辐射无关。高铁和其他电器产生的极低频电磁辐射与女性的不孕率和流产率之间的关联在研究中也并没有被明确证实。

参考资料：

[1] International Commission on Non-Ionizing Radiation Protection. Guides for Limiting Exposure to Time-Varying Electric, Magnetic, and Electromagnetic Fields. Health Physics, 1998.

[2]HJ/T 24-1998 500kV 超高压送变电工程电磁辐射环境影响评价技术规范.
[3]Chadwick P，Lowes F. Magnetic Fields on British Trains. National Radiological Protection Board，Chilton，Didcot，Oxon，U. K.
[4]翟壹彪，霍伟，刘巧英，等. 动车车厢工频电场强度的分布特征. 环境与健康杂志，2012.
[5]GB/T 15708-1995 交流电气化铁道电力机车运行产生的无线电辐射干扰的测量方法.
[6]张强. 电力机车弓网离线噪声辐射场强车厢内外转换关系的研究. 北京交通大学硕士学位论文.
[7]GB 8702-1988 电磁辐射防护规定.
[8]WHO. What Are Electromagnetic Fields?
[9]熊俊，宋涛. 防辐射材料的研究进展. 中国组织工程研究与临床康复，2010.
[10]龚建华，张浙军. 浅谈低辐射玻璃. 真空与低温，2001.
[11]世界卫生组织. 极低频电磁辐射的环境健康标准论著.
[12]Lee G M，Neutra R R，Hristova L，Yost M，Hiatt R A. A Nested Case-Control Study of Residential and Personal Magnetic Field Measures and Miscarriages. Epidemiology，2002.

复印机是胎儿“杀手”吗？

政委祖尔阿巴

流言：复印机在工作中释放臭氧和射线，它不仅对长期在复印机旁工作的人员有一定的影响，还对胎儿生长发育产生影响。所以最好是设有专用复印机室，复印过程中保持良好的通风，或将复印机放在通风良好的走道。孕妇最好不要接触复印机，没办法避免时，必须穿防辐射孕妇衫。

真相

自复印机广泛应用以来，人们对复印机产生的健康危害的研究就没有停止过。

作为一种电器，复印机自然也会发出电磁辐射。但世界卫生组织的观点很明确，“日常生活中的电磁辐射对人体不构成危害”，使用复印机更算不上什么超常行为。目前没有证据表明，日常非电离辐射会导致孕妇流产率、胎儿畸形率的提高，也不会导致新生儿出生体重过低。

现在大范围使用的复印机技术是由施乐在 20 世纪 60 年代开发的，其后逐渐推广到全世界。其工作原理大致如下：往一个光电导材料做成的复印机硒鼓上通高压电让它带上电荷，然后用光照射需要复印的材料，白纸会把光线反射到复印机硒鼓的相应部分，让它导电失去电荷，有影像的部分不反光，相应部分继续带电荷。再把带有与复印机硒鼓相异电荷的墨粉撒到复印机硒鼓上，异性相吸，字就显示出来了，最后只要把墨粉转印到纸张上，用高温熔化墨粉固定影像，再把复印机硒鼓清理干净，一个工作周期就完成了。

在这过程中，通高压电会让空气起反应生成臭氧；而高温印制的过程会让墨粉中的各种有机化合物挥发出来，称为“可挥发有机化合物”（Volatile Organic Compounds，VOC）；整个显影和打印的过程还可能释放各种微小的粉尘。

复印机释放的臭氧、可挥发有机化合物和各种粉尘究竟有没有能力制造足够的污染去伤害胎儿呢？下面就一一说明。

臭烘烘的正价氧

在对复印机的忧虑中，最常见的忧虑可能就是对它排放臭氧的担忧。这个我们耳熟能详的东西待在离大地老远的臭氧层里，是抵挡紫外线的保护伞；分布在我们周围的时候，就是不折不扣的污染物了。它比空气重，有奇怪的臭味，有强氧化性带来的刺激性，能刺激眼睛、呼吸道和皮肤，在空气中达到 5ppm（百万分之五）就可能直接威胁生命健康，长期接触的话还可能引发肺部疾患，但它没有生殖毒性。美国国家职业安全卫生研究所（NIOSH）推荐的短期暴露极限浓度为 0.1ppm。[1]

1991 年，NIOSH 对一间教堂的复印机进行了调查，发现尽管复印机排气口的臭氧浓度有 0.56ppm，但到了人类呼吸的高度就仅为 0.01～0.05ppm，远在推荐水平之下，也就是刚能闻出臭味来的水平，对人体构成不了实际的损害。[2]

实际上，各国都对复印机等设备的污染物排放量有严格规定，比如中国国标给出的臭氧最大限值就是每小时排放 3 毫克。而复印机厂商为了达标，也纷纷安装了各种过滤装置来降低臭氧排放。到了 2010 年，波兰研究人员测得的办公室臭氧数据就只有约 0.0061～0.0175ppm，这回连闻都闻不出来了。[3][4]

会挥发的“灰化肥”

可挥发有机化合物（VOC）是一个大类，包括甲苯、甲醛等多种有机物（有的物质有刺激性会引起各种不适），其中不乏国际癌症研究中心（IRAC）列为致癌及可能致癌的物质，这也是人们认为复印机可能污染环境的一个重要原因。[5][6]

那么，复印机在复印过程究竟会排放多少 VOC？在 1991 年对教堂的复印机的调查中，VOC 浓度低得仪器都探测不到。2000 年，约翰霍普金斯大学公共卫生系的研究人员在 3 个复印中心取样，发现复印机的确会释放几十种有机化合物，但它们的浓度得用 ppb（十亿分之一）单位来计。例如，该研究中检测到浓度最大的 VOC 是甲苯，美国国家职业安全卫生研究所给出的最严格的甲苯暴露限值为 100ppm，在污染最严重的那个复印中心里测到的甲苯峰值浓度为 1132ppb，也就是说那里情况最糟糕的时候也只是暴露限值的 1%，尚在安全范围。[7]

轻飘飘的颗粒物

除了臭氧和可挥发有机化合物，复印机运行的时候还会排出一定量的粉尘，颗粒直径大的会沉降，小的那些却会悬浮在空气中成为可吸入颗粒物。这些颗粒物中就有墨粉，由于含有被 IRAC 列为 2B 级致癌物的碳黑（同级的还有咖啡和韩国泡菜），也是一些人担忧的对象。但碳黑的致突变性只在对细菌试验中被证实，至今也没有找到引发人类癌症的证据。[8]

不过近年来的一些研究带来了坏消息：这些粉尘里还可能混有直径小于 1 微米的“亚微米颗粒物”。这些颗粒物小得可以穿过人的呼吸系统屏障到达肺泡，进入血管，长期暴露于高浓度之下的话，诸如哮喘、中风等肺和心血管病的发病率会大大增加。是的，它们也是近年来全国人民都谈之色变的 PM2.5。[9]

由于对 PM2.5 的研究和重视才刚刚起步，所以中国对于复印机设备的的排放标准里只有“每小时粉尘排放不得多于4毫克”这样一个规定，却没有专门针对PM2.5的排放限制。也就是说，合格复印机的总排放量的确不多，可其中相对“更有害”的PM2.5排放可能是参差不齐的。比如前文研究中，两台同品牌同型号的打印机，一台几乎不排放亚微米颗粒物，另一台排放的浓度却是所在环境背景浓度的10倍以上。不过该研究同时显示，打印机工作起来的平均PM2.5排放率为0.75 ±0.18微克/分，单凭这么一台机器，想要在一间通风良好的办公室里让PM2.5浓度突破世界卫生组织的年平均暴露值10微克/立方米还是挺困难的。[10]

使用的方式很重要

作为一种工具，复印机的“安全性”不仅取决于其本身的性能，还取决于正确的使用：在复印机的安装手册里，大多会提到将机器安置于通风良好的地方。如果办公场所通风很糟，那么就算复印机排放的污染物再少也会逐渐富集起来的。

硒鼓/墨盒也很关键，正规厂商的耗材应当是严格遵守法律法规进行生产的，同时这些厂商为了适应越来越严格的环境标准还会改进工艺，设法减少污染物排放。但自己灌来路不明墨粉的小作坊就不会这样做了，用了非正规耗材的复印机未必能保证正规的排放。

良好的保养也很重要，有研究显示，保养前复印机的臭氧排放量为16～131微克/分，保养后下降到了1～4微克/分。[11]

这样看来，流言中有关复印机使用时设专用复印室、保证通风的建议还是挺正确的。

结论：目前为止，没有证据显示正常使用复印机于人体健康有害，包括与生殖健康之间存在确切的因果关系。不过，研究指出复印机是室内空气污染的潜在源头。因此，关注办公室复印机周围的空气质量，不止对孕妇，对于普通人而言，都是谨慎、对健康负责的选择。

参考资料：

[1]CDC. NIOSH Pocket Guide to Chemical Hazards：Ozone.

[2]CDC. NIOSH Health Hazard Evaluation (HHE) Report HETA 91-158-2161.

[3]Occupational Exposure to Ozone in Workers Using Photocopiers and Printers. Polish Med Pr，2010.

[4]中华人民共和国国家环境保护标准：环境标志产品技术要求数字式多功能复印设备 HJ/T 424-2008. 中华人民共和国家标准室内空气质量标准 GB/T 18883-2002.

[5]Agents Classified by the IARC Monographs.

[6]H S Rosenkranz，E C McCoy，D R Sanders，et al. Nitropyrenes：Isolation，Identificaton，and Reduction of Mutagenic Impurities in Carbon Black and Toners. Science，1980.

[7]An Evaluation of Employee Exposure to Volatile Organic Compounds in Three Photocopy Centers. Environ Res，2000.

[8]Photocopiers and Laser Printers Health Hazards. Health and Safety Department, the University of Edinburgh.

[9]Particle Emission Characteristics of Office Printers. Environ Sci Technol, 2007.

[10]WHO. Air Quality Guidelines for Particulate Matter, Ozone, Nitrogen Dioxide and Sulfur Dioxide.

[11]Copying Machines and Their Harmful Emissions.

需要担心节能灯的紫外线辐射吗？

念经的抖 s

流言：节能灯因其明显的低能耗而广受欢迎。不过，近来发表在《科学生活》杂志上的一篇文章却让人们重新审视起了节能灯的安全性[1]："纽约州立大学研究人员通过实验，证明节能灯泡比普通灯泡的紫外线辐射更强。受节能灯辐射的皮肤细胞遭到严重的损害，而受普通灯泡辐射的皮肤细胞却是健康的。这种辐射可能会损害人体皮肤的细胞，甚至可能诱发癌症。"

真相

严格说来，节能灯（Energy-Saving Lamp）只是一个俗称，它的真名叫做稀土三基色紧凑型荧光灯，通常简称为紧凑型荧光灯（Compact Fluorescent Lamp，CFL）。与传统的白炽灯相比，在达到相同光能输出的条件下，节能灯消耗的电量只有普通白炽灯的 1/5～1/4。再加上它与白炽灯使用相同的底座，故将白炽灯替换成节能灯的趋势在全球已广泛扩展开来。节能灯的荧光管内充满氩氖混合气体及汞蒸气，管壁内侧涂有磷质荧光漆。通电后，汞蒸汽会发放出紫外线；而荧光漆会吸收紫外线，并释放出可见光。可见光的颜色取决于磷质成分的比例。这就是节能灯发光的原理。

紫外线与皮肤

从上述原理中我们发现，节能灯在工作时，内部会产生紫外线。本来荧光漆可以避免紫外线透出，但是，正如本文开头的研究中所谈到的，紫外线并不能完全被吸收，总有些漏网之鱼会从荧光漆涂层上肉眼难辨的细微裂隙中透出来。这些透出的少量紫外线对健康有多大影响呢？

紫外线按波长分为3类：长波紫外线（UVA，320～400纳米）、中波紫外线（UVB，280～320纳米）和短波紫外线（UVC，200～280纳米）。日常生活中，UVC在穿越大气层时多被臭氧层滤除，能作用于皮肤的多为UVA和UVB[2]。虽然它们对皮肤也有温柔的一面（如帮助形成维生素D），但在导致光老化、皮肤肿瘤、光敏性疾病等方面却是罪恶昭彰，也是红斑狼疮、癫痫等光照会加重型疾病的危险因素。

节能灯紫外线研究详解

回到本文开头的那项研究。研究者先选择了多个品牌的节能灯来检测其放出的紫外线，发现大部分节能灯都有UVA和UVC的辐射；然后选择了辐射最强的节能灯，放到2.5厘米的距离来持续照射体外培养的成纤维细胞和角质形成细胞，并用白炽灯来照射同样的细胞作为对照。结果显示，节能灯下的细胞，照射时间越长，受损越严重；而被照射白炽灯的细胞则未受影响。

不过，这项研究的结论也是有局限性的，并不能等同于“节能灯放出的紫外线对人有害”。首先，研究使用的是泡在培养皿里、体外培养的皮肤细胞，不像我们身体上的细胞有表皮的保护。其次，研究是在近距离（2.5 厘米）长时间进行强辐射节能灯的照射，这与生活中的实际状况相差甚远。生活中，即使是台灯，与人体也有几十厘米的距离，而紫外线随着距离的增加，辐射能量会大幅减少。综合来看，上述研究结论并不能照搬到实际生活中。现实中节能灯对人类活体细胞的影响尚不明确。

此外，节能灯的紫外线辐射不仅在不同品牌之间，就连同一制造商生产的不同灯泡间都相差甚大。因此，众多同类实验（包括对人体及对体外培养细胞的实验）的结论多有矛盾。不过综合相关的研究，目前还是有如下几点较能确定[3][4][5][6]：

近距离内，节能灯所发出的紫外线的确较普通白炽灯多；但在距离超过了 20～30 厘米后大幅减少，50 厘米后几乎检测不到；

不同品牌的节能灯紫外线辐射差别较大；

节能灯释放出的紫外线中以 UVB 为多，亦有不少 UVA 和 UVC；

双层外壳较单层外壳可明显降低紫外线辐射；

对患有光敏性皮肤病或光照会加重型疾病的人群危险性可能确实增高，但对普通人群的威胁并不较传统白炽灯多。

欧盟观点

欧盟新兴及新鉴定健康风险科学委员会在一份材料里对节能灯的紫外线辐射进行了概述和总结：对于普通民众，只有在使用台灯等近距离场合（20 厘米以下），且暴露时间很长的情况下，节能灯紫外线才有可能接近工作场所紫外线限值，但不太可能超过此限值；在其他使用场合下，风险则微不足道。也就是说，节能灯紫外线只有在某些特殊条件下才有可能增加公众健康风险，而且这一风险可以通过使用双层外壳等技术手段来消除[7]。

另一方面，对于患有光敏性皮肤病或光照会加重型疾病的人群，因为他们在平时便十分注意让自己尽量少地暴露在光源下，因此节能灯的影响亦十分有限[7]。

节能灯对健康的其他影响

除了紫外线之外，也有人担心节能灯中的汞蒸气泄露出来会影响健康或环境。不过节能灯中的汞非常少，只要注意打破灯泡后要先开窗通气并离开房间一会儿，就可以避免汞蒸气的危害。而废弃的节能灯虽然会向环境中排放汞，但它由于节电，反过来又会减少发电过程中煤燃烧产生的汞。总体来看，节能灯对环境更有益。详细情况可以阅读果壳网：“节能灯，救地球？——关于节能灯的 10 个问答”。

还有人担心节能灯产生的电磁辐射。实际上，节能灯的电磁辐射只是在近距离内（如 10 厘米以内）比较高，在一定距离外（如几十厘米或 1 米以外）则大幅降低。此外电磁辐射对健康的影响还没有明确的证据。因此平时只要不是离节能灯太近，就不用担心电磁辐射的风险。

我们能做什么

节能灯虽有一定紫外线辐射，但对普通人来说仍在可接受范围内，大可不必谈虎色变。如果你还是担心这一点辐射所带来的少量光老化，那么只要做到以下几点：

首先明确节能灯的总体安全性，告诉自己不用紧张；

购买时请认准正规渠道正规厂家，别为了低价而购买了不合格的产品；

尽量选择配备双层外壳的节能灯，使用时距离节能灯至少 20 厘米以上，每天累计暴露时间尽量不超过 8 小时；

实在不愿忍受紫外线的人士，在室内也可坚持使用防晒霜；

对于光敏性皮肤病或光照会加重型疾病的患者，还是尽量选用传统白炽灯或者 LED 灯（发光二极管）（有文献报道 LED 灯所释放的紫外线最少[3]）。

结论：节能灯会略微提高紫外线辐射的风险，但只要保持合理的使用距离、注意正确使用，这些风险都可以避免和消除。

参考资料：

[1]Mironava T，Hadjiargyrou M，Simon M，et al. The Effects of UV Emission from Compact Fluorescent Light Exposure on Human Dermal Fibroblasts and Keratinocytes in Vitro. Photochem Photobiol，2012.

[2]何黎. 美容皮肤病学. 人民卫生出版社，2010.

[3]Fenton L，Ferguson J，Moseley H. Analysis of Energy Saving Lamps for Use by Photosensitive Individuals. Photochem Photobiol，2012.

[4]Nuzum-Keim A D，Sontheimer R D. Ultraviolet Light Output of Compact Fluorescent Lamps：Comparison to Conventional Incandescent and Halogen Residential Lighting Sources. Lupus，2009.

[5]Eadie E，Ferguson J，Moseley H. A Preliminary Investigation into the Effect of Exposure of Photosensitive Individuals to Light from Compact Fluorescent Lamps. Br J Dermatol，2009.

[6]Chignell C F，Sik R H，Bilski P J. The Photosensitizing Potential of Compact Fluorescent V. S. Incandescent Light Bulbs. Photochem Photobiol，2008.

[7]SCENIHR，Scientific Opinion on Light Sensitivity，2008.

是否要盖马桶盖？

冷月如霜

流言：纽约大学菲利普·泰尔诺博士指出，如果冲水时马桶盖打开，马桶内的瞬间气旋可以将病菌或微生物带到最高6米高的空中，并悬浮在空气中长达几小时，进而落在墙壁、牙刷、漱口杯与毛巾上。

真相

从两篇2012年发布的医学综述里引用的众多论文来看，抽水产生的气旋与微生物的传播确实有着一定的关联，冲水时盖上马桶盖这个习惯也值得提倡[1][2]。

不过，这些研究在社交平台上传播时，有很多关键的信息被忽略了，比如，哪些微生物可能通过这个途径进行传播？这些微生物传播的范围究竟有多大？传播扩散后的微生物对人体有多少潜在的危害？这些问题只压缩成一个简单的结论，而且增加了“马桶内的瞬间气旋可以将病菌或微生物带到最高6米高的空中，并悬浮在空气中长达几小时”这些研究中没有提及的细节。

不是所有的微生物都有条件扶摇直上

只有那些有天赋的微生物才能借马桶气旋的东风。2005年一项研究发现，在马桶中培养的沙门氏菌能够聚集成一种叫“生物膜”的结构，牢牢植根于下水道中。由于有这么一个细菌的“储备”，在实验结束的12天后，人们依旧能在马桶中发现它们的身影[3]。这也增大了它们借抽水气旋传播的可能。而另一些微生物无力往深处发展，就将目光投向了相反的方向。早在1980年，科学家们就发现那些细胞内含有较多脂质的细菌更容易富集在水体的表面[4]。倘若有气旋能将水中的微生物带起，它们将是微生物中的急先锋。

不过，这些微生物本身的特性并不足以让它们从马桶中传播到空气里，气旋威力的大小也决定了传播范围的大小。有意思的是，至今为止人们对这种气旋的物理特性还是一知半解，唯一可以确定的一点是，这种气旋会随着马桶类型的不同而发生改变。

由于实验中的微生物不同，传播范围也各有所异（实验马桶多为“虹吸式”）。大肠杆菌会在冲水后的2个小时内集中分布在以马桶为中心直径约1米的范围内[5]，沙门氏菌能在30分钟内扩散到同样的范围[3]，而梭状芽孢杆菌则主要在60分钟内聚集在马桶坐圈到马桶上25厘米的范围内[1]。

在一些观察较久的实验中，微生物能够以极低的浓度扩散到整个卫生间（墙上的培养皿只有20%有细菌生长，单个培养皿中最多长了5个菌落；浴缸内的培养皿只有5%有细菌生长，不过单个培养皿中最多长了大于100个菌落），这也与含有微生物的液滴与空气的混合、扩散有关。

不过在这些研究中，并没有微生物扩散到6米高度（作者吐槽：要找一个房高超过6米的卫生间也挺难的……）的记录。至于这些微生物能在空气中停留多久，更是没有定论。

警惕，但无需恐慌

在一些极端的情况下，通过马桶气旋传播的微生物可能对人体的健康造成影响。结核杆菌的脂质较多，容易在马桶残水的上层积聚。当人的肠胃道感染结核杆菌后会引起腹泻，造成其再次传播。不过据估计，这只占总体感染病例的5%不到[6]。

另一种可能通过马桶气旋传播的微生物则家喻户晓——SARS病毒。一篇2003年香港淘大花园SARS爆发的报告，推测可能是最初发病的SARS病人的排泄物通过楼层里的下水道和排气扇迅速扩散，造成了整栋楼内SARS的爆发[7]。

不过这些或是极端情况，或是尚未证实的研究猜测，日常生活中由马桶气旋带来的潜在危害可能没有那么大。另外，无论哪一种微生物想要致病都需要有一定的“致病剂量”。在上文提到的实验中，研究人员都将微生物与粪便或培养液均匀混合成悬浮液再进行测试，这种情况自然有助于微生物的传播。在实际生活中，只有腹泻或呕吐接近实验中的条件。换言之，正常情况下的便溺只会更限制微生物的传播，空气中的浓度也会很低。不过空气中通过气旋悬浮起来的微生物浓度能依据种类的不同而有上百倍的差距，因此马桶气旋带出的具体微生物是否能够致病还有待未来进一步的研究。

最后，还有一些其他措施可以减少通过气旋传播的微生物。最简单的方法莫过于在冲水时盖上马桶盖了。这项简单的方法能够将飞溅的微生物含量减少到不盖盖子时的1/12[1]。此外，定期用消毒水清洗马桶和水箱也能够限制马桶内微生物的残留。

结论：这则流言存在着对科学研究比较明显的误读，从已有的研究结果来看，有些微生物更容易在马桶周边积聚。马桶冲水时的气旋的确能够造成微生物的传播。虽然这些微生物的传播范围、时长尚且未知，但在冲马桶时盖上马桶盖，定期用消毒水清理马桶和水箱，确实能够帮我们减少潜在的健康危险。

参考资料：

[1]E L Best，et al. Journal of Hospital Infection. 2012.

[2]D. L. Johnson，et al. American Journal of Infection Control. 2012.

[3]Barker J，Jones M V. The Potential Spread of Infection Caused by

Aerosol Contamination of Surfaces After Flushing a Domestic Toilet. J Appl Microbiol，2005.

[4]Hejkal T W，Larock P A，Winchester J W. Water-to-air Fractionation of Bacteria. Appl Environ Microbiol，1980.

[5]Gerba C P，Wallis C，Melnick J L. Microbiological Hazards of Household Toilets：Droplet Production and the Fate of Residual Organisms. Appl Microbiol，1975.

[6]Sheer T A，Coyle W J. Gastrointestinal Tuberculosis. Curr Gastroenterol Rep，2003.

[7]Hong Kong Special Administrative Unit Department of Health. Outbreak of Severe Acute Respiratory Syndrome（SARS）at Amoy Gardens，Kowloon Bay，Hong Kong：Main Findings of the Investigation. Hong Kong Special Administrative Region Department of Health. 2011.

住酒店会被传染性病吗？

猫羯座

流言：酒店等地的公共卫生用品（毛巾、床单等）可能被性病患者体液污染，消毒也不能去除（另一说法：消毒不合格）。使用这些公共卫生用品，可能导致感染尖锐湿疣等性病。

真相

2013 年 1 月 1 日开始施行的《性病防治管理办法》中定义，性病是以性接触为主要传播途径的疾病。但除了性接触，类似性行为及间接接触（如共用卫浴用品、某些器具等）也是性病的传染途径。性病除了会损害泌尿生殖器官，还能借助血液循环侵犯全身各个重要的组织和器官。

因病原的不同，有些性病可能会因间接接触而感染，比如阴道毛滴虫、阴虱等。这些病原对传染环境的要求较低，同时有可能在体外环境寄生，无需进入体内也能存活，因此，有可能通过不洁的内衣裤、共用毛巾等造成家庭内的聚集性感染。一般这些疾病的患者，都会被建议单独清洗贴身衣物以及不与家人共用毛巾。因此，患这些性传播疾病的人可能会污染酒店的卫浴用品，但通常来说，只要酒店进行了合格的消毒措施，下一个使用该批卫浴用品的人并不会因此被感染。

至于流言中重点提出的尖锐湿疣，其病原体人类乳头瘤病毒（Human Papillomavirus，HPV）确实是一种顽固的病毒，它是一种最小的DNA病毒，该病毒直径为50～60纳米，呈无包膜的20面体对称的核衣壳结构，表面有72个壳微粒，内含8000个碱基对（bp），分子量为5×10^6道尔顿，其中88%是病毒蛋白。

HPV有100多种，其中约80种与人类疾病相关，有40多种寄生在生殖道上皮。高危型的生殖器人类乳头瘤病毒有多种，流行病学已经证明它会通过性行为传播，但是否可以通过污染物间接传播，尚无定论。

在临床上，确实有在安全套覆盖范围外尖锐湿疣感染并发病的病例，一定程度上说明了人类乳头瘤病毒的感染能力之强。不过，这样的病例还是由于密切的性接触造成，即安全套覆盖范围以外的黏膜或皮肤之间的接触，而且接触到的含有病毒的体液浓度高且量大。如果皮肤无破损，只是正常使用酒店毛巾或设备，则不太可能因此感染HPV，也不太可能进而患上尖锐湿疣。

艾滋病是人们担心的另一种性传播疾病，它的病原体HIV在体外环境，4℃时能存活4～10日，但56℃下放置10分钟或70℃下放置4分钟，即可完全灭活。一般酒店的消毒措施即可杀死。

酒店卫生用品的消毒问题

即便某些性病病原体可以在酒店公共的卫生用品上生存一段时间，但卫生合格的酒店是要对用过的卫生用品消毒的。通常消毒是指杀灭或清除传播媒介上的病原微生物，使之达到无害化的处理。

目前由卫生监督机构对酒店、旅馆等不同的住宿环境进行公共场所卫生监督量化分级评分，评分内容涵盖卫生管理制度、建筑布局、生活饮用水、消毒洗衣情况等多个方面，还会根据评分情况，对不同卫生环境状况的公共场所分级并颁布相关的牌照。通常牌照分为 ABC 3 个等级，按法规要求，牌照要被悬挂在公共场所的显眼之处。下次入住酒店前，不妨留意酒店的卫生监督资格审核情况。刻意逃避卫生监督机构管理的地下小旅馆可能会存在较大风险，不在本文讨论之列。

在监督中，床单、毛巾的消毒情况是单独列出要求的，需现场采样并送往相关技术部门检验，依据《公共场所卫生标准》（GB9663-1996），毛巾、床单菌落总数 ≤ 200 cfu/25 cm^2（cfu/cm^2，即每平方厘米样品中细菌菌落总数），大肠菌群和致病菌不得检出。

当然，严格来说，大肠菌群与人类乳头瘤病毒等相似程度较小，用大肠菌群或菌落作指示有一定的缺点，但就目前情况来看，大肠杆菌因其具有指示作用且检验方法简便易行，仍被认为是一个比较适宜的指示菌。大肠菌群数的多少，某程度上也反映了消毒效果或对人体健康危害性的大小。

结论：对免疫力正常的人来说，常规方式使用卫生合格的酒店公共卫生用品，不太可能感染性病，包括尖锐湿疣。外宿带私人卫生用品是良好且环保的个人习惯，但也不用担心因使用酒店的公共卫生用品而患上性病。

参考资料：

[1] Virus Disinfection Mechanisms：the Role of Virus Composition，Structure，and Function. Current Opinion in Virology，2011.

[2] bioSCL：Human Papillomavirus.

[3] Richard B S Roden，Douglas R Lowy，John T. Schiller. Papillomavirus Is Resistant to Desiccation. Concise Communications，1997.

[4] 公共场所卫生监督量化分级评分表. 2012.

荧光材料会产生有害辐射吗？

_ whyCD

流言：要当心，演唱会的荧光棒，夜光的手表、钥匙扣，都会放出有害辐射。

真相

通常意义上来说，荧光材料指的是受到电子束或特定频率的光（射线）照射后能发出某种可见光的一类材料。比如经常在犯罪现场中看到用来检验血痕的鲁米诺（Luminol）试剂，与血液中的铁（一说为血红素）发生反应后用紫外线照射即发出蓝色荧光。

早在 1575 年，就有人在阳光下观察到菲律宾紫檀木切片的黄色水溶液呈现极为可爱的天蓝色。1852 年，斯托克斯用分光计观察奎宁和叶绿素溶液时，发现它们所发出的光的波长比入射光的波长稍长，由此判明这种现象是由于物质吸收了光能并重新发出不同波长的光线，而不是光的漫反射作用引起的。斯托克斯称这种光为荧光。以稀土化合物作为原料的荧光材料，历经约 50 年的发展后，凭借其吸收能力强、转换率高、物理化学性质稳定、有丰富的能级和 4f 电子跃迁等特性，有取代传统荧光材料并成为主流的趋势。

荧光是如何发出来的

荧光是物质从激发态失活到多重度相同的低能状态时所释放的辐射，最常见的是吸收紫外线后发出可见光。化合物能够产生荧光的最基本条件是它发生多重度不变的跃迁时所吸收的能量小于断裂最弱的化学键所需要的能量。其次，在化合物的结构中必须有荧光基团如“＝C＝O”、“-N＝O”、“-N＝N”、“＝C＝N-”、“＝C＝S”等。

对于具有荧光特性的分子来说，在吸收了入射光的能量后，里面的电子就像在森林中奔跑的小白兔一样，从基态S0跑到（实质是电子跃迁）具有相同自旋多重度的激发态S2那里玩儿：S0＋hvex→S2（h为普朗克常数，vex为入射光光子的频率）。处于激发态的电子可以通过各种不同的途径释放其能量回到基态：比如电子可以从S2经由非常快的内转换过程（这个过程所用时间比10～12秒还短），在不发出任何辐射的情况下跃迁至能量稍低并具有相同自旋多重度的激发态S1，然后再马不停蹄地从S1以发光的方式释放出能量回到基态S0：S1→S0＋hvf，于是我们就看到荧光了。

对于发光细胞而言，荧光是氧化反应的“产物”，因此必要条件是有氧的环境。细胞中的发光酵素及醛类发光基质在氧气与能量物质（来自黄素单核苷酸，有别于萤火虫）的参与下共同反应从而发出荧光，这种荧光称为生物荧光。

我们生活中的那些荧光

夜光涂料（材料）　指的是能在黑暗中发光的一类材料，分为自发光型和蓄光型两种。其中自发光型夜光材料的基本成分为放射性材料，不需要从外部吸收能量，可持续发光，其放射性可能对人体造成一定危害（视成分而定），故应用时受限制较大；而蓄光型夜光材料很少会使用放射性物质，主要是靠吸收外部的光能再进行缓慢释放，而且要储备足够的光能才能保证持续一段时间发光，使用基本不受限制，但辉度不如自发光型材料。近年来，蓄光材料朝着无毒无放射方向发展，铝系、钡锶系掺入稀土元素经高温烧结而得的蓄光材料，其亮度是传统材料的上百倍。

反光材料　这种材料广泛应用在各种交通指示牌。最早是美籍华裔科学家董棋芳博士研发出定向玻璃微珠，而后各式反光布、反光涂料才相继问世。其实目前的交通指示牌分为两类：一类是完全反光材料，即依靠将入射光线反射回去达到警示目的；另一类是光致发光，不仅能反光，还能在受到光照时辐射出光子，比普通的反光材料看上去更醒目，比如硫系材料。这些通常情况下都不会产生对人体有害的辐射，但至于其是否具有化学毒性就得看具体成分具体分析了。

荧光棒和荧光钥匙扣　节日晚会、各种演唱会上必用到的荧光棒，主要由 3 种物质组成：过氧化物、酯类化合物和荧光染料。把它摇几下或者抖几下后，过氧化物和酯类化合物发生反应，再将反应后的能量传递给荧光染料，最后由染料发出荧光，整个过程中都不会发出伤害人体的射线。虽然荧光棒不会放出有害射线，但是里面的液体不可食用，也应尽量避免与皮肤接触，特别是眼睛。所以，只要你不拿刀子剪刀去破坏、不用力扭曲荧光棒，就拿去尽情地摇吧！

荧光钥匙扣也是类似原理。使用时只要和使用荧光棒一样注意不对它施暴，那么它在你身边只会给你带来方便，潜在危险仍然来自里面化学成分的毒性而不是辐射。

再附上个关于荧光棒的小知识：荧光棒发光时间的长短与环境温度成反比，即所处环境温度越高，荧光棒的发光时间越短。所以当手中的荧光棒变暗时，可以将其放入冰箱或者冰柜中，低温环境能抑制两种液体的化学反应，需要的时候再拿出来，这样就能重复使用了。

荧光增白剂 为了让纸张看上去很白，部分商家会添加荧光增白剂，或叫荧光漂白剂，是一种复杂的有机化合物。这种增白剂吸收紫外线后发出蓝色的光，与纸张的黄色光叠加后互补形成白色，达到增白的效果，广泛用于造纸、纺织、洗涤剂等多个领域中。这种物质不会对人产生有害辐射，但如果看书的时候肚子饿了，千万别把纸张往嘴里塞，以免遭受其可能的化学毒性危险。

荧光灯 荧光灯的发光原理是：荧光管内充满氩氖混合气体及汞蒸气，灯管电极的放电使汞发出紫外波段的光，灯管内侧表面的磷质荧光漆吸收了紫外线，磷质成分的不同比例让灯管发出不同颜色的荧光。发光过程中灯管内侧表面的磷质荧光漆吸收了绝大部分的紫外线，正常情况下使用质量合格的荧光灯，即使荧光漆涂层上有一些细微裂隙，也不会增加人使用荧光灯的健康风险。关于荧光灯的更多内容，请阅读果壳网“需要担心节能灯的紫外线辐射吗?”“辐射超标的节能灯还能用吗?”这两篇文章。

天然荧光　萤火虫在城市里现在很难看见了，令人感叹以后又少了个泡“妹纸”的方法。萤火虫的发光，简单来说，是荧光素在催化下发生的一连串复杂生化反应，而反应产物之一就是它们“屁屁”上的光。人家那么可爱的动物，自然不会对你有害，只要你不学“贝爷”见啥吃啥。

极光也是高层大气中的荧光现象。极光是太阳风进入地球磁场导致的光辉，大家见到极光兴奋还来不及吧。

含有某些稀土元素的萤石和方解石也能发出荧光。但稀土含量极少，而且也不会天天接触，有害的辐射微乎其微，只要你不揣在怀里戴在手上脚上脖子上，就都没有问题。

钱　最受欢迎的当然要最后出场！其实这里要说的是印刷防伪技术——目前大部分国家的钞票及证件等需要防伪的物品都会利用特殊的油墨在紫外线下发出荧光的特点防伪，用紫外灯照射人民币时出现的那个数字就采用了这种技术！当然这种油墨的使用也是安全无害的，如果你还是不太相信的话，我很乐意为你保管。

结论：综合来看，常见的荧光材料所发出的荧光都是非放射性光，对人体不会造成有害辐射。之所以有观点认为荧光物质会伤害人体，是某些夜光手表、钥匙扣、信号灯中加入了放射性物质，如高档手表里的氚气和β灯里面使用的氚、黄磷与硫化锌的混合物。但值得庆幸的是，氚的β衰变只会放出高速移动的电子（即β粒子），穿透能力很弱，连薄薄的有机玻璃片都无法通过，更别说穿透人体，因此只有大量吸入时才会对人体有害。换言之，只要是正规厂家生产的合格产品，不用来做奇葩的事情，荧光材料就不会对人体产生危害。

参考资料：

[1]李强，高镰，严东生. 稀土化合物纳米荧光材料研究的新进展. 无机材料学报，2001.

[2]王艳忠，黄素萍. 新型荧光材料的应用及其发展趋势. 化工新型材料，2000.

[3]杨冰，李瑛，等. 有机荧光材料研究进展. 化学研究与应用，2003.

[4]自旋多重度（S）的定义：$S=2|s|+1$，其中小写字母 s 是体系的总自旋角动量，它与体系内的自旋未被抵消的单电子数（N）相关。$S=N/2$ 或 $S=-N/2$.

[5]萤火虫“屁屁”发光的能量来自三磷酸腺苷 ATP.

坐飞机时高空辐射会致癌吗？

政委祖尔阿巴

流言：高空空气稀薄，由此对人体的保护也直线下降，人们在高空受到的辐射，要比地面上高出100～300倍。科学家发现，一个月内两次长途飞行，就会吸收4.5mSv（毫希韦特）的辐射。相比之下，X光医师才吸收2.5mSv。

真相

在日常生活中随时都会接触到电离辐射，有的来自食物，有的来自建筑材料，有的来自脚底大地里的放射性矿物，还有来自太空的宇宙射线。作为地球人平均每年大约吸收2.4mSv的辐射。源自宇宙射线的电离辐射只占我们年平均吸收量的8%，这得归功于地磁场把带电粒子导向了两极，另外稠密的大气层也吸收了不少辐射。因此，如果飞得很高，那么头顶的大气相应就变得稀薄，我们吸收到的宇宙射线自然就会变多。从这个角度来说，此条流言的逻辑倒也没错。

根据美国国家海洋大气局的数据显示，8万英尺（2.44万米）高空的辐射是水平面的300多倍。不过需要说明的是，首先，北纬 35°零海拔处的宇宙辐射平均值为 0.0401uSv/小时（uSv 是 mSv 的千分之一），8 万英尺处的辐射为每小时 11.2uSv；可以看出，虽然高空中多了 300 多倍，但就其绝对值来说，也是非常低的。其次，普通客机的巡航高度大致在 2 万～5 万英尺（6.1 千米～1.525 万米），这个高度的宇宙辐射也达不到 300 多倍的水平。

联合国原子辐射效应科学委员会计算过，一次 10 小时飞行受到的电离辐射量约 0.03mSv。如果要达到 4.5mSv 的水平，需要飞行 1500 小时，按波音 737 的 800 公里/小时的巡航速度计算，要绕赤道飞 30 圈，目前还没有如此“长途”的单程航程。

至于 X 光医师的职业暴露，按国际辐射防护委员会的数据，每年在 20mSv 以下都是安全的。当然，X 光医师实际的职业暴露是远低于这个标准的。

因此，“人们在高空受到的辐射，要比地面上高出100～300 倍”的说法尚可接受，但“一个月内两次长途飞行，就会吸收 4.5mSv 的辐射”是完全错误的。另外，普通公众的辐射暴露跟 X 光医师的职业辐射暴露是没有可比性的。

存在飞行辐射暴露最高限量吗？

包括中国在内的多个国家和辐射防护机构都建议，普通公众因商业航班而增加的辐射暴露限值为每年不超过 1mSv，空乘人员每年因飞行增加的辐射限值为不超过 20mSv（以上均不包括每年 2.4 mSv 的本底辐射）。当女性空乘人员怀孕时，航空公司要按照普通公众的每年 1mSv 的标准为其安排飞行工作。同样，这些机构也建议，如果是飞行特别频繁的商务人士，应该按照职业接触辐射的限值来计算，而不是普通公众。而且，就算是飞行频繁的空乘人员（约 700 小时/年），每年因飞行而增加的辐射暴露也只在 2～5mSv。

飞行真的“致癌”吗？

目前，有关电离辐射致癌风险的关系，全世界都使用了审慎的“线性无阈值模型”，也就是说电离辐射不存在安全暴露阈值，任何剂量的电离辐射都有致癌风险，且风险大小和剂量相关。高空飞行时会吸收额外的电离辐射，确实可能增加癌症风险。

但人体受到电离辐射后产生的效应很复杂，基于两次原子弹实战、切尔诺贝利等核事故还有医学放疗积累的数据，现代医学对人体遭到大剂量电离辐射后产生的危害认识比较清楚，而由于流行病学和统计学调查的局限性，对于低剂量辐射的风险还存在相当多的争议。

具体到高空飞行上，近 20 年的流行病学调查研究没有发现航空飞行与癌症发病率之间存在相关性。2000 年发表在《健康物理》（有关辐射安全性的学术杂志）的一项流行病研究指出，在高空辐射与癌症相关性的研究中，空乘人员作为受到宇宙辐射最多的群体，是非常值得研究的对象。但是，一方面空乘人员本身受到的辐射量其实也很小（每年2～5mSv），给统计带来很大的问题，另一方面是寻找合适的对照组人群不易，因为选择空乘这个职业的人群跟普通人群相比，可能本身就存在差异。研究人员举例说，空姐的乳腺癌更可能与乳腺癌的危险因素之一的生育因素（未生育）相关，飞行员的黑色素瘤则归因于他们闲暇时更乐于晒太阳从而导致过度光照，而阳光中的紫外线是黑色素瘤的一大危险因素。因此，不能简单认为是高空辐射导致了空乘人员患上乳腺癌、黑色素瘤。

另外，来自国际辐射防护委员会的报告称，辐射剂量低于100mSv时没有观察到肿瘤发病率升高的现象，而联合国原子辐射效应科学委员会的表述是“10mSv以内没有影响健康的直接证据，10～1000mSv没有早期效应，剂量较高时暴露人群的特定癌症发病率上升”。因此，一次长途飞行增加的零点零几毫希韦特的辐射带来的癌症风险非常低。

结论：高空飞行确实会增加辐射接触量，但增加量远没有流言所说的这么大，而且带来的癌症风险非常低。生活充满“风险与效益”的权衡，审慎地选择低辐射暴露的交通方式当然无可厚非，但为了航空交通的便利，增加一点宇宙辐射也没什么可恐慌的。

参考资料：

[1]ICRP 出版物第 103 号.

[2]Public Health Statement：Ionzing Radiation.

[3]Agency for Toxic Substances and Disease Registry.

[4]UNSCEAR. Answers to Frequently Asked Questions (FAQs).

[5]NOAA. The Natural Radiation Hazard at Aircraft Altitudes.

[6]Boice J D Jr1，Blettner M，Auvinen A. Epidemiologic Studies of Pilots and Aircrew. Health Phys，2000.

“致癌植物”能不能养？

风飞雪

流言：虎刺梅、变叶木、夹竹桃等植物含有致癌物质和致癌病毒，连栽种过的土壤中都含有致癌病毒。目前已经证实有52种促癌植物，建议各位爱花的朋友及早“清理门户”，尽量不要在家里种植致癌植物。

真相

还是在数年之前，新闻和网络上突然流传开了这样一条消息，说是经检测发现有五十多种植物可以致癌，并附上了这些植物的名单。消息一出，引得众多养花爱好者心惊胆战，不少花草惨遭“清扫”。无独有偶，一则“夹竹桃可以致癌”的消息也是不胫而走，于是上海等地大片作为行道树种植的夹竹桃惨遭灭顶之灾。几年过去了，这些消息仍不时出现在小报、微博之中，经常被人提起，让想购买花卉的人犹豫再三。真相究竟是怎样的呢？

“致癌”还是“促癌”？

追究这个“致癌植物”名单的来历，可以发现最早是在

1992年中国预防医学科学院病毒学研究所曾毅院士的一篇《诱导Epstein-Barr病毒早期抗原表达的中草药和植物的筛选》文章中提到的[1]。文中说，以带EB病毒的Raji细胞为实验对象，“筛选了1693种植物，发现其中52种具有诱导EB病毒早期抗原表达的作用”。而这52种植物，恰好就是新闻中提到的“52种促癌植物”。那么EB病毒是什么？EB病毒和植物、癌症又有什么关系？下面来详细解答。

EB病毒，全称是Epstein-Barr病毒，是于1964年由爱泼斯坦（Epstein）和巴尔（Barr）等人在非洲，从患有淋巴瘤的人群中分离到的一种病毒。这种病毒属于疱疹病毒的一类，因此也被称作第四型人类疱疹病毒。这种病毒可以说是分布最为广泛的病毒之一，地球上90%以上的人口都受到这种病毒的感染，在美国这个比例更高达95%[2]。不过，EB病毒虽然分布广泛，但大多数时期并不会对人体健康产生显著影响，在个别情况下，EB病毒感染会造成发热、单核白血球增高等状况。有意思的是，由于EB病毒可以通过唾液进行传播，因此亲吻成了EB病毒传播的途径之一，从而使得EB病毒感染又获得了“吻病”的名号。

然而，在一些情况下，EB病毒就会从默默无闻的潜伏中“苏醒”过来，开始进行大量的复制活动。而其复制活动的产物，则可以使被感染的细胞的信号通路（控制正常分化，增殖）产生异常，从而发生癌变。同时，EB病毒活动的产物还能促进其他具有致癌作用的病毒（如猿猴病毒40）

的活动。前面提到的“早期抗原”，正是病毒开始变得活跃的标志[3]。检测到了早期抗原，就表明EB病毒可能具有了导致细胞癌变的能力。

那么什么情况会造成EB病毒变得活跃呢？研究人员发现，一些植物产生的化学物质可以使EB病毒从潜伏状态转变为活跃的复制状态。这些物质本身并没有导致正常细胞癌变的能力，但由于其能激活潜伏的EB病毒，而激活的EB病毒又能促使细胞癌变，因此这类物质被称为“促癌物质”。用通俗的话来说，这些物质只是导致癌症的帮凶，而非主犯。在前人的研究中，从巴豆（Croton tiglium）种子中提取的巴豆油具有很强的诱导EB病毒早期抗原的能力。经分析，巴豆油中含有的一种名为12-氧-十四烷酸-大戟二萜醇-13-乙酸酯（TPA）的物质是促进细胞转化和癌变的罪魁祸首[3]。

现在，我们可以明白EB病毒、植物和癌症三者间的关系了，经过实验证明，这些植物的提取物，具有诱导EB病毒早期抗原的能力，表明可以激活EB病毒；而EB病毒的活动，则可以促进细胞的癌变。因此说这些植物具有促癌作用是可以理解的。不过可以看出，植物本身并不产生EB病毒，存留在土壤中的也只是通过落叶或根系释放到土壤中的促癌物质。“植物含有致癌病毒”以及“土壤中残留病毒”的说法并不正确，是对信息的误读。

能“促癌”就不能养吗？

既然实验表明这些植物含有促癌物质，那么这些植物还能养吗？可能这是众多养花人士心中的疑虑。事实上，对于这些含有促癌物质的植物，在正常养护过程中是不会对人体造成伤害的。

这些促癌物质，从本质上来说，都属于植物的次生代谢产物，是植物体产生的一大批结构和种类复杂、并不直接参与植物生长发育的化合物。它在生活中随处可见。从橡胶到香料，从精油到植物中提取的药物，这些物质基本上都来自植物次生代谢产物。次生代谢产物的存在，除了能够起到吸引昆虫传粉及植株间信息传递的作用外，最为重要的作用是赋予植物抵抗外界环境侵袭的能力。

以开头提到的虎刺梅、变叶木为例，当它们的叶片或枝条受到损伤时，可以看到损伤处有白色液体渗出。这些乳汁的存在一方面可以降低动物取食时的适口性，同时在渗出后可以封闭伤口，降低微生物入侵的风险。值得一提的是，同属于大戟科的橡胶树，同样具有白色的乳汁，而这种乳汁的凝结产物，就是大名鼎鼎的橡胶了。由此可见大戟科植物的次生代谢产物较为丰富，因此也可以理解为何名单中有一半植物都属于大戟科了。

这些起到防御作用的次生代谢产物，一般都是存在于植物体内，只有当植物体发生损伤时才会被释放出来。同时，还需要动物体摄入这些物质，才能起到毒害或驱离的效果。

或许有的朋友会问，是否促癌物质可以以挥发物的形式被人体吸入而产生促癌的风险呢？事实上，这种风险是很低的。

这是由于促癌物质并非易于挥发的酯类、烷烃类等，它的分子量较大，因此挥发性较差。同时促癌物质多为水溶性物质，这在含水量较高的植物中更进一步限制了其挥发能力。因此促癌物质通过挥发而被人体摄入的量是微乎其微。对虎刺梅挥发性成分检测的实验也表明，其挥发性物质中并未检测到促癌成分[4]。由此可见，对于这些含有促癌物质的植物，在栽培养护过程中尽量减少损伤，避免接触植物分泌物；在侍弄过植物后注意洗手，这些都可以有效避免接触到促癌物质。同时为了安全起见，名单内的植物不宜在卧室等和人长期共处的空间内摆放（卧室里适合摆放什么植物呢？请看果壳网“你想睡谁？卧室里的植物指南”），一定要摆放时，则可以通过加强通风的方式降低可能的摄入。注意好以上几点，就可以安心地种植这些植物了。

如何和有毒植物打交道？

除了名单上的这52种“促癌植物”，我们身边还不乏其他具有毒性的植物。其中夹竹桃就是比较有名的一种。夹竹桃导致人中毒甚至死亡的报道几乎每年都能看到，而几年前“夹竹桃致癌”的传闻更让夹竹桃成为了不被人待见的植物。事实上，“夹竹桃致癌”只是因为其有毒、并且在气温较高时有异味而被讹传出了“莫须有”的罪名。在对夹竹桃挥发物进行分析后发现，其中并不含有致癌或促癌成分。与此相反的是，夹竹桃挥发物中的主要成分水杨酸甲酯和丙烯酸，都具有一定的杀菌作用[5]，因此，夹竹桃是一种良好的庭院树种和行道树种。

夹竹桃的毒性，主要来源于其茎叶中含有的多种强心苷类物质。这类物质在被摄入人体后可以导致心肌收缩显著加强，过量摄入则会导致心律紊乱，严重的导致死亡[6]。不过，夹竹桃中含有的强心苷类物质与上面提到的促癌物质一样，平时都安静地存在于植物体内，并不会挥发到空气中。只有在误食其枝叶，或是其分泌物接触黏膜时，这些强心苷类物质才会被机体吸收，从而显示其毒性。

结论：该如何正确对待有毒植物？需要注意的有以下几点：不要随意摘取植物的花、叶、茎，以免植物释放体内的有毒物质；在接触这些植物后，要仔细清洗接触部位，防止有毒物质存留；千万不能随意取食植物组织，同时也要避免植物组织和食物的接触；若出现中毒症状的，要及时送医就诊。

做到以上几点，我们就没有必要对有毒植物抱有恐惧心理，可以在日常生活中合理种植这些植物，让它们为人们的生活带来益处。

需要指出的是，含有有毒物质的植物，其中很多都被当作药材使用。而在使用这些植物药材时，有毒物质会不可避免地被人体摄入。因此当植物组织或植物提取物作为药物使用时，必须明确其中所含成分的种类和含量，以及其药理、毒理作用，在使用过程中严格控制用法和用量，来减轻或避免有毒物质对人体带来的毒副作用。

参考资料：

[1]曾毅，钟建民，叶树清. 诱导 Epstein-Barr 病毒早期抗原表达的中草药和植物的筛选. 病毒学报，1992.

[2]贺修胜，陈主初. EB 病毒与鼻咽癌相关的分子机制研究进展. 中国肿瘤，2003.

[3]N Yamamoto，H ZUR HAUSEN. Tumour Promoter TPA Enhances Transformation of Human Leukocytes by Epstein-Barr Virus. Nature，1979.

[4]陈卓全，王勇进，等. 植物挥发性气体与人类的健康安全. 生态环境，2004.

[5]庞名瑜，姜义华，等. 夹竹桃气体挥发物分析. 中国园林，1999.

[6]邢晓娟. 夹竹桃的药理作用与临床应用. 现代医药卫生，2007.

花露水中有“农药”吗?

冀连梅

流言：驱蚊花露水有农药批准文号，含避蚊胺这种农药成分。每天喷花露水，是往身上喷农药。一时间，网友纷纷转发，家有幼儿的父母更是恐慌：这含农药的驱蚊液能给宝宝用吗？安全吗？还是海淘国外产品比较好。

真相

花露水中的避蚊胺（DEET）是1946年由美国农业部开发研制的，1957年在美国环保局（EPA）登记注册开始民用。可以看出，从研发出来的那一刻起就是农药。在美国，驱蚊液归环保局监管，因此要先在环保局登记。在中国驱蚊液归农业部监管，因此会有农药批准文号。

但DEET用于驱蚊已经有将近60年的历史，是研究和应用最广的驱蚊成分，至今在安全性和有效性方面仍是其他产品的“参考标准”。美国儿科医师协会认为两个月以上的宝宝就可以使用DEET含量在30%以下的产品。所以，只要是购买正规厂家产品，严格按说明书使用就是安全的。

不含避蚊胺的花露水就没农药？

因为避蚊胺引起消费者的恐慌，有些花露水产品直接标明“不含避蚊胺”。那不含避蚊胺的花露水，含什么呢？

在美国，适合喷涂在裸露皮肤上的驱蚊液成分除了避蚊胺，美国疾病控制与预防中心推荐的驱蚊液成分还包含羟乙基哌啶羧酸异丁酯（Picaridin）、柠檬桉叶油（Oil of Lemon Eucalyptus）、伊默宁（IR3535，也就是驱蚊酯）以及用于衣物上的杀虫剂氯菊酯（Permethrin）等。中国市场上的驱蚊产品也多以这些成分作为驱蚊的主要成分。

通常来说，中国市场上驱蚊花露水多含这两种驱蚊成分：避蚊胺和驱蚊酯，如果不含避蚊胺的话，很可能是含驱蚊酯。驱蚊酯的毒性较避蚊胺低，EPA 认为，它在摄入、在皮肤表面使用和吸入时都没有明显的毒性，仅接触眼睛时可能产生刺激，而且对环境也没有明显的危害。但它同样也是一种农药。

重在选购及使用

购买驱蚊类产品建议去正规商场、药店或药房购买正规厂家生产的产品，产品包装上应含有下列重要信息：批准文号、生产批号、有效期、有效成分、如何正确使用、使用时的禁忌症等。最好还能有厂家免费咨询电话，以便使用过程中出现问题可以咨询。不建议网淘驱蚊类产品，网淘的产品很难保证质量。

驱蚊花露水的安全性还有赖于正确的使用方法。涂抹驱蚊液时，应只用于暴露在外的皮肤，或者衣物与蚊帐上（仅限氯菊酯），不可接触伤口，不可接触眼和嘴，在耳部也要少用；不要让宝宝自己涂抹，应喷在大人手上后再涂抹到宝宝身上，但不要涂在儿童手部，防止经手入口；从室外返回室内后应立即用含皂的清洗剂清洗掉身上与衣物上的驱蚊液；如果皮肤过敏则应立即停止使用。

海淘也不安全

很多人一听到网络流言说驱蚊花露水有农药，就立刻决定去海淘国外产品。其中，最出名最深入人心的莫过于“紫草膏”了。一些卖家甚至把它夸成了能入口的万能灵药。但实际上，它在美国被归为户外用品，相当于中国的清凉油。它主要是用于提神醒脑、缓解疲劳，使用人群是两岁以上，每日最多 3～4 次，两岁以下使用要咨询医生。它里面的主要成分是紫草科植物（Comfrey），曾经作为口服补充剂被广泛使用，但后来 FDA 发现它有肝毒性，因此取消了口服剂，只有外用的药膏还能销售。法国甚至连外用剂型药膏都禁止销售了。外涂要避开有破损的皮肤。因此，没有相关语言和相关专业知识的话，海淘可能淘来的是另一种伤害。

特别提醒，海淘国外产品，特别是药品类，其实是有很大风险的：

由于语言障碍，很多家长无法了解海淘药品的真正用途和用法用量。

由于网上商家缺乏监管，很难保证药品质量，也很难及时获得药品的不良反应信息。例如有人海淘了缓解牙不适的药膏，成分列表里含有苯佐卡因。事实上，这个成分可能会引起严重的高铁血红蛋白血症，美国 FDA 和中国国家食品药品监督管理局都已经发出警告：不要给两岁以下幼儿使用含苯佐卡因成分的药膏缓解牙不适。但海淘了该药膏的家长很可能因语言问题而不知道药膏含苯佐卡因，或者不能及时得到药品不良反应的信息。

结论：驱蚊花露水里的避蚊胺确实是种农药，但其作为驱蚊产品的主要成分，它的安全性和有效性都是有保证的。只要购买正规厂家的产品，按说明书正确使用，不会带来健康隐患。如果一定要海淘国外产品，还是请教语言水平过关的专业人士后再做决定，否则可能带来另一种安全隐患。

第四章

身在都市漂，谣传闻未了

长腿妹更容易患癌症吗？

游识猷

流言：个头高的女性，罹患癌症的概率也随之“高人一等”？权威期刊《柳叶刀·肿瘤学》2011 年 7 月刊登的一则研究可谓一石激起千层浪，英国《每日邮报》的报道中，标题索性直接写道：何以长腿妹癌症发病率增加三成？

真相

是否长腿妹妹们得提前开始立遗嘱，或者更勤快地跑医院体检筛查癌症？我们究竟该如何理解这项研究呢？

首先要证实一下，这个结论颇有点匪夷所思的研究不但确实存在，而且属于质量较高的一个大规模前瞻性研究。

流行病学有所谓前瞻性研究与回顾性研究。回顾性的研究，是让已经确诊癌症的患者与健康的对照组人群来回忆自己过往的生活习惯。没有人一辈子过着循规蹈矩完全符合健康指南的生活，回忆往昔，每个人都能或多或少地想起自己一些不靠谱的习惯。而比起健康者，罹患癌症的患者可能会更渴望“找出病因”，他们在回忆时会联想得更巨细靡遗，从而造成一些统计上的系统偏差。

而前瞻性研究的方式，是找来一群从未诊断出癌症的健康人群，然后开始多年的持续追踪——研究者必须定时和他们联系，取得他们近期的生活习惯与健康状况，直至他们被诊断出癌症为止。这种方式因为避免了回忆时的偏误而更加准确，结果也往往更被学界认可。

现在，就让我们来仔细看看，这篇论文究竟谈了些什么。

统计数字的游戏

这篇论文的数据可分为两部分，第一部分来自追踪英国女性的前瞻性研究；第二部分则是回顾一些过往的研究，把其中提供的身高与癌症发病率数据进行了荟萃分析。

1996～2001 年，研究者说服了英国近 130 万中年女性参与这项长期健康追踪研究。这些女性被分为 6 个身高组：低于 155 厘米、155～159.9 厘米、160～164.9 厘米、165～169.5 厘米、170～174.9 厘米，以及 175 厘米以上组。被研究的女性平均被追访 9.4 年，在此期间，她们中一共被诊出了 97376 例癌症。考虑到癌症实际上是一大类疾病的统称，因此研究者不仅计算了癌症总发病率，还根据发病部位再进一步细分后，统计了 17 种癌症在不同身高的女性中的发病率。

为了让概率升高更一目了然，研究者使用的数值是相对风险（RR）——以最矮一组（155 厘米以下组）的罹癌概率为参照，其他组的罹癌概率除以最矮组的罹癌概率，得到的值就是所谓的相对风险。于是最矮一组的相对风险值就是1，而随着身高升高，统计出的相对风险值也不断增加。

相对风险与身高的关系

研究者追访得到的癌症总体风险数据显示，身高每增加10厘米，罹患癌症的相对风险增加16%。最高的175厘米以上组，癌症相对风险比起最矮的155厘米以下组增加了37%——这正是《每日邮报》那个骇人标题的由来。

再进一步细看，研究者统计的17种癌症中，一共15种符合“身高越高，罹癌相对风险也越高”，其中有10种是所谓“统计显著”，即这种正相关极可能是事出有因。其余的5种则不能排除一种可能——观察到的概率升高只是随机的误差。

这10种癌症按其增加的相对风险大小排列分别是：恶性黑色素瘤32%，肾癌29%，白血病26%，结肠癌25%，非霍奇金淋巴瘤21%，中枢神经系统癌症20%，子宫内膜癌19%，乳腺癌17%，卵巢癌17%，以及直肠癌14%。

过往研究的荟萃分析结果与此类似，不论男女，不论地区——不论亚洲、欧洲、美洲还是澳洲，世界各地的人群中身高都与癌症发病率呈现正相关，这些数据看起来相当骇人。“罹癌相对风险增加三成”，看起来简直令长腿妹妹们恨不得立刻截了自己的腿。然而，假如考虑到研究人群中癌症的绝对发病率并不高，真正增加的绝对风险也就不那么吓人了。在追踪的近 10 年里，最矮一组的 233516 人里，有 15792 人检出癌症，癌症发病率是 6.8%。最高一组的 46138 人中，有 4092 人检出癌症，发病率是 8.9%，平均下来，人们每年增加的罹癌绝对风险约为 0.2%。换言之，每年最矮一组每千人中可能有 7 个人新检查出癌症，而最高一组每千人中会有 9 人检出——每年每千人中多两个人。

从相关到因果

当然，从正相关到因果关系的证明并不那么简单。就像救火车出现和火灾发生正相关，但那并不能证明救火车出现是火灾的原因。要把“长得高”列入“癌症高危因素”中，研究者还需要做很多工作。

其中之一就是尽可能地排除其他干扰因素的影响。例如，由于营养状况改善，出生年代越晚，平均身高往往越高。时代差异不仅仅造就了身高差异，还有环境与生活方式差异——比如许多女性开始推迟生育，而这对乳腺癌和卵巢癌的概率都有影响。又例如，社会经济地位较高的女性平均身高也相对较高，而这种差异对所处环境与生活方式的影响也不可轻视。由于在这项追踪研究中，追访的人群极大，这就为研究者们排除各种干扰因子提供了机会。事实上，他们的确考虑了可能造成影响的一系列因素：年龄、首次生育时的年龄、所在地区、体重 BMI 指数、社会经济地位、吸烟与否、锻炼习惯、酒精摄入，等等。

研究者认为，从数据来看，在排除大部分干扰因素的影响后，高出10厘米的长腿妹妹们仍然稳定地拥有1.16的相对罹癌概率。不过诸多因素中，有一个例外——抽烟。检测抽烟者中那些与抽烟相关的癌症发病率发现，高出10厘米的长腿妹妹们的肺癌等罹癌相对概率变成了1.05，这显示吸烟带来的负面影响“掩过”了高度的影响，让高度差变得不那么重要了——不论你在怎样的海拔处喷云吐雾，癌症的阴霾都与你如影随形。

吸烟的这种效应在对过往研究的荟萃分析中亦有体现。在两性均有参与的研究中，女性的这种“身高效应”更为显著，男性的数据则相对较弱，研究者认为这可能正是缘于男性吸烟者较多，从而影响了统计数据结果。

而研究者也提出了“癌症‘高’发”的几种原因假说。可能机制之一，是发育阶段的某个因素既导致了长得更高，同时也为未来的癌症埋下了隐患。这个因素可能是营养状况、感染病史，或者激素水平——尤其是会刺激细胞分裂的胰岛素样生长因子（Insulin-like Growth Factors，IGFs）水平。这种因子出现在许多信号通路中，对身体的多种机能都有着调节作用——宏观上说让人长高长胖，甚至眼轴变长发生近视都与之相关；细胞微观水平上，它能促进细胞长大与分裂，抑制程序性细胞凋亡……而癌症的发生机理虽然尚有许多不明确之处，但细胞凋亡的抑制显然是其中的重要一环。

可能的机制之二则更加简单直观，排除了体重这个干扰因素影响后，高个子的体细胞与干细胞数目显然比矮个子的细胞数目更多，于是细胞多则复制更多，从而出错机会更多，体内某个细胞的变异积累到发生癌变的概率也更大。

不管如何，这次的大规模前瞻性实验的确把身高这个因素推到了众人瞩目之处。研究的主导者，牛津大学癌症流行病学中心的简·格林博士就表示，假如能证实身高与罹癌间存在某种机制，那么20世纪以来的平均身高增长，对同期的癌症发病率升高亦有贡献。自1900年以来，欧洲成年人的平均身高每10年约增加1厘米，这可能增加了近代10％～15％的癌症相对风险——当然，在证明高度是个独立影响因素之前，这一切都还只是猜想而已。

总而言之，三成的相对风险看似惊人，其实每年增加的绝对罹癌风险大约只是0.2％。长腿妹妹们在了解这一最新前沿发现时，完全无需背上太过沉重的心理负担。研究者们的确把我们对这个世界、对我们自身的认知又向前推进了一步，然而在这一步之外，依然是茫茫的黑夜，还有许多问题要留待未来的研究去解答。

不过值得注意的是，这个研究实际上再一次证实了一个老生常谈的观点——吸烟大大影响了罹患某些癌症的概率。尽管报道时，记者偏爱前所未闻的假说，然而在科学界，更重要的其实是能被一再证实与重复的东西。

结论：就目前的结果来说，高个子还无需感觉“高处不胜寒”，也没有必要额外增加体检或者癌症筛查——特别是CT（电子计算机断层扫描）一类的检查会否因电离辐射带来额外的癌症风险还是个有争议的话题。比起杞人忧“高”，不如踏踏实实地均衡饮食、适量运动、戒烟少酒。毕竟，遗传背景与生俱来，幼儿乃至少年期间的生活历程也多仰赖他人之手。当我们可以控制自己的生活时，是鹤还是鸡已经基本定型——这一切都决定了身高是件自己难以掌控的事，但生活方式的选择，则全在你一念之间。

参考资料：

[1] Green J，Cairns B J，Casabonne D，et al. For the Million Women Study Collaborators. Height and Cancer Incidence in the Million Women Study：Prospective Cohort，and Meta-analysis of Prospective Studies of Height and Total Cancer Risk. Lancet Oncol，2011.

维生素 B_1 驱蚊不靠谱

薄三郎

流言：“驱蚊也可以不用化学品：准备一个可喷水的化妆小瓶，5 片复合维生素 B_1。将水灌入小瓶，后放进药片，摇匀，睡前将小瓶对准胳膊、腿、身体等部位喷一下即可。因蚊子害怕复合维生素 B_1 的味道。”

真相

维生素 B_1 能驱蚊防蚊，是个流传已久的网络传说。在国外网站上也有很多关于它的讨论，不过使用方法是每天服用 100 毫克的维生素 B_1。若追根溯源，“维生素 B_1 驱蚊”最早来自西方，这是一个不折不扣的“输入型”流言。

1943 年，一位名叫 W·雷·香农（W. Ray Shannon）的医生在美国《明尼苏达医学》杂志上发表论文宣称，维生素 B_1 水溶液有助于预防蚊子[1]。遗憾的是，无论从理论上，还是从实验层面，“维生素 B_1 能驱蚊”的说法均未得到验证。

到了 1969 年，有研究者对维生素 B_1 是否能驱蚊的问题进行了研究，此后发表的文章在题目中就直言不讳地指出，

“维生素 B_1 不是人用驱蚊剂”[2][3]。2005 年，美国威斯康星大学动物学研究者艾夫斯与同事对维生素 B_1 能否应用于驱蚊防蚊进行了全面深入的研究[4]，结果表明，维生素 B_1 对蚊子落在皮肤表面的次数不会有什么影响。换句话说，后面两个研究都认为，维生素 B_1 不会有什么驱蚊效果。

美国食品药品监督管理局曾对市面出售的非处方类（OTC）驱蚊剂有过说明[5]。其中就明确提到了维生素 B_1 类的药品：口服维生素 B_1 是市面上一种驱蚊类 OTC 药品。目前，尚无充分数据表明这种成分是有效的。那些在药品标识上表明是口服驱蚊类 OTC 药品的产品是虚假的、误导的，并无科学数据支持……总之，任何宣称含有驱蚊成分的口服 OTC 药品，并不能确保安全有效。

此外，在美国疾病控制与预防中心的网站上公布出的确证有效的驱蚊成分里，也并没有提到维生素 B_1[6]。

人们相信维生素 B_1 能预防蚊子的一大原因是，维生素 B_1 具有一种很恶心的味道——闻上去有微弱的臭味，尝起来是苦的，于是便想当然地认为，既然咱们不喜欢这味道，蚊子恐怕也不爱。遗憾的是，这种想法虽好，但蚊子压根不吃这一套。比如，你我避之不及的汗臭味，蚊子就挺喜欢的。

其次，维生素 B_1 的水溶性很强会带来另外的问题。它在水中并不稳定，怕热，见光容易分解。将维生素 B_1 溶解在水里喷洒的做法就显得更加不可靠了。插句题外话，近几年出现的某些功能饮料，宣称含有水溶维生素 B_1，有助人体机能，可千万不要去相信。等到饮料喝到你嘴里时，它基本分解完毕了。

值得提醒的是，人体每天对维生素 B_1 的需要量在 1～1.5 毫克，肉类、豆类、坚果中都含有丰富的维生素 B_1，一般不需额外补充。而网络上流传的各种维生素 B_1 驱蚊配方里，其剂量接近正常人体需要量的 100 倍。尽管较少有维生素 B_1 过量危害的报道，但它可能对其他 B 族维生素吸收、胰岛素与甲状腺素的分泌产生干扰，大量补充并不是明智之举。

结论：流言破解。关于“维生素 B_1 是天然的驱蚊剂”这个话题，目前的科学研究结果并不支持。

参考资料：

[1]Shannon W R. Thiamin Chloride：An Aid in the Solution of the Mosquito Problem. Minn Med，1943.

[2]Khan A A，Maibach H I，Strauss W G，et al. Vitamin B_1 Is Not a Systemic Mosquito Repellent in Man. Transactions of St. John's Hospital Dermatology Society，1969.

[3]Maasch H J. Investigations on the Repellent Effect of Vitamin B_1. Z Tropen Med Parasit，1973.

[4]Ives A R，Paskewitz S M；Inter-L&S 101；Biology Interest

Groups; Entomology Class 201. Testing vitamin B as a Home Remedy Against Mosquitoes. J Am Mosq Control Assoc，2005.
[5]FDA. Sec. 310. 529 Drug Products Containing Active Ingredients Offered Over-the-counter (OTC) for Oral Use as Insect repellents.
[6]CDC. Insect Repellent Use and Safety.

狂犬病的危险被夸大了吗？

猫羯座

流言：你可能也是狂犬病夸大宣传的受害者。①中国疫苗年使用量1500万人份，其中99.8%不必接种；②病毒潜伏期2周到3个月，中国宣传是20年；③“24小时内注射疫苗”并不属实；④接种过疫苗者，不需再注射；⑤健康犬传播病毒非常罕见。

真相

《南方周末》曾发文对狂犬病疫苗的滥用和媒体对狂犬病的过度宣传做出了批评[1][2]。这两篇文章内容详实，所质疑的问题的确存在，批评也切中要害，但在二次传播时出现了极大的偏差，以至于微博上出现了上述流言。这条流言让人们觉得，一个人被动物咬了，根本就不用做什么处理。

狂犬病究竟是一种什么样的病，人被动物抓伤、咬伤后到底该如何处理，让我们来好好地分析一下吧！

还原真实的狂犬病

狂犬病，是由狂犬病病毒引起的人畜共患病。这种病毒具有很强的神经组织亲和性，病毒进入人体以后会从被咬伤部位周围的神经开始，逐渐侵入神经中枢。临床上会出现恐水、呼吸困难、吞咽困难等症状。当病程进入最后阶段，病毒可能沿神经走向全身各个器官，如眼、舌、唾液腺、呼吸肌、心脏等，病人最终可能会因呼吸麻痹、循环衰竭而死。整个病程进展急促，从发病到死亡两天到一周不等。

病人发病之前经历的潜伏期长短不一，多数在 1～3 个月，但也有小于 1 周，多于 1 年的情况；而儿童、头面部咬伤、伤口深、清创不彻底者潜伏期短。此外，与入侵病毒的数量、毒力及宿主的免疫力也有关。流言中所谓的“中国宣传是 20 年”是讹传，谣言粉碎机调查员核对过全国疾病预防控制中心的宣传材料，没有提到“20 年潜伏期”，而国内的医学教科书也只提到过偶见潜伏期多于 10 年的例子。狂犬病病毒在世界范围分布广泛，而亚洲和非洲的农村地区是重灾区，每年有 55000 人因感染狂犬病而死，其中年龄小于 15 岁的青少年占大多数[3]。在中国，仅 2010 年，就有 2014 个因狂犬病死亡的病例[4]。

“健康犬”是否传播狂犬病毒？

造成狂犬病病毒传播的动物其实包括犬、猫、蝙蝠及多种啮齿类动物。在上述的动物中，犬是造成传染的主要动物。

一项全国性的人类狂犬病流行病学调查中提到[5]，中国狂犬病高发区观察到的711个病例中，91%的病例是被犬只攻击。按世界卫生组织动物接触分类标准，这些患者中的6.3%仅与动物发生Ⅰ类接触（即触摸或饲养动物，或被动物舔舐完整的皮肤），30.4%为Ⅱ类接触（即造成轻微破损或无出血的轻微擦伤皮肤），63.3%为III类接触（穿透性的皮肤咬伤或抓伤，或黏膜污染）。换句话，和动物接触后皮肤的损伤程度越高，狂犬病发病的可能就越大。

关于健康犬能否传播狂犬病，国际上至少已争论了50多年。在多个研究中发现，外观健康的犬脑组织中约3.7%～17.9%亦能检测或分离到狂犬病毒。但持不同意见的研究表明[6]，健康犬携带狂犬病毒是不同检测方法所得的不同结果而已。

对健康犬的不同定义会造成不同结论，但世界卫生组织提出：当犬只狂犬病疫苗接种覆盖率超过70%方能有效控制狂犬病。因此，最有效预防狂犬病的方法为积极增加犬类的免疫接种率。截至2006年，中国犬只数量为7500万[6]。根据一项全国狂犬病高发地区的调查[5]，中国的犬类疫苗注射率是远远低于70%的，“健康犬”的数目可能低于人们的预计。因此，中国的犬只携带狂犬病病毒的概率相对来说要比国外高。

2004年，世界卫生组织发布的狂犬病专家咨询会技术报告称，如果咬人的动物是能够抓住的宠物犬或猫，则应该对动物观察10天，若伤人的犬或猫在暴露发生后至少10天保持健康，就可以终止人暴露后的预防处理措施。但犬或猫以外的其他哺乳类动物狂犬病的自然史尚不十分清楚，因此10天的观察期不一定适用。较为稳妥的方法依旧是：在动物咬伤以后及时进行暴露后接种。

疫苗有用吗？

一般传染病通过疫苗对机体产生免疫力的方式包括以下两种：①主动免疫，是指机体对抗原刺激产生特异性应答所建立的免疫。主动免疫须经几天，几个星期或更长时间才出现，但能长久甚至终生保持，且通过注射所需抗原很容易再活化；②被动免疫，它是指机体通过获得外源性免疫效应分子（如抗体等）或免疫效应细胞而获得相应免疫力。

中国的狂犬暴露后预防（Post-Exposure Prophylaxis，PEP）处理依据为世界卫生组织目前仍在推荐的伤口处理步骤，不同的损伤程度有不同的处理方式。Ⅰ类接触，即仅被动物舔舐过完整的皮肤，可以用简单的化学或物理手段处理理伤口，清除狂犬病病毒。建议采用肥皂和水、洗涤剂、聚维酮碘消毒剂或可杀死狂犬病病毒的其他溶液彻底冲洗。

而Ⅱ类及以上的接触（指造成轻微破损但无出血的皮肤损伤，穿透性的皮肤咬伤或抓伤，或动物的唾液直接与黏膜的接触）就需按PEP处理了。在用同样的方法对伤口清洗15分钟以上后，接种狂犬病疫苗[7]。当判定为Ⅱ级接触者且免疫功能低下的，或者Ⅱ级暴露位于头面部且致伤动物不能确定健康时，应当立刻处理伤口并注射狂犬病被动免疫制剂（即狂犬病免疫球蛋白）。判定为Ⅲ级暴露者，应当立即处理伤口并注射狂犬病被动免疫制剂，随后接种狂犬病疫苗。

接种狂犬疫苗越早，其效果越好。但即使超过 24 小时注射疫苗，只要在疫苗生效前人还没有发病，疫苗就可以发挥效用，对暴露已数日数月而因种种原因一直未接种狂犬病疫苗的人，只要能得到疫苗，也应与刚遭暴露者一样尽快给予补注射，争取抢在发病之前让疫苗起作用。

对接受过暴露前或暴露后有效疫苗的全程接种者，如果一年内再发生较轻的可疑接触感染，可立即用肥皂水清洗伤口，同时密切观察咬人的犬在 10 日内是否发病而不必注射疫苗。一旦咬人犬发病，需立即给被咬的人注射人用狂犬病疫苗；如果是一年以后再被咬伤，可于当天、第 3 天各注射一针疫苗即可。对严重咬伤、以前接受过疫苗接种但时间较久，对疫苗的有效性有所怀疑者，则应重新进行全程即 5 针疫苗的暴露后预防免疫，必要时应使用狂犬病免疫球蛋白。

关于流言中描述的“中国疫苗年使用量 1500 万人份”，谣言粉碎机调查员查阅了多个网站和相关文献，并未查到相关记录。仅在世界卫生组织门户网站中找到如下信息：“每年全世界共有 1500 多万人在接触后接受预防治疗，以防狂犬病。估计此项治疗每年挽救了 32.7 万多人的生命”。

结论： 围绕着狂犬病，有相当多的争议。但不可否认的是：狂犬病依旧凶猛，而中国猫狗疫苗接种率低，相对来说感染狂犬病病毒的概率就更高。对于个人来说，被动物咬伤后应及时就医，遵医嘱接种狂犬病疫苗。狂犬病疫苗的价格确实不便宜，但相对于自己的生命，花这笔钱还是值得的。

参考资料：

[1]严家新. 为什么中国防治狂犬病收效甚微. 南方周末，2011.

[2]严家新. 谁该打狂犬病疫苗？——“狂犬病恐惧症”与疫苗滥用. 南方周末，2011.

[3]Knobel D L，Cleaveland S，Coleman P G，et al. Re-evaluating the Burden of Rabies in Africa and Asia. Bulletin of the World Health Organization，2005.

[4]2010 年度全国法定传染病报告发病、死亡统计表. 卫生部.

[5]Song M，Tang Q，Wang D M，et al. Epidemiological investigations of Human Rabies in China. BMC Infectious Diseases，2009.

[6]Zhang Y Z，Fu Z F，Wang D M，et al. Investigation of the Role of Healthy Dogs as Potential Carriers of Rabies Virus. Vector-Borne and Zoonotic Diseases，2008.

[7]狂犬病暴露预防处置工作规范（2009 年版）. 中国疾病预防控制中心网站.

温泉鱼疗会传播疾病吗？

猫羯座

流言：“许多人都觉得，被温泉里的小鱼按摩咬死皮，是件有趣的事。但英国专家近日警告，小鱼咬死皮可能传播HIV艾滋病和肝炎（比如乙型肝炎）。英国卫生防护局说，糖尿病患者、牛皮癣症患者以及免疫系统衰弱的民众，特别容易因此受到伤害，绝对不要因为流行而冒险尝试！”

真相

温泉鱼疗这种所谓的治疗方式，对大多数中国人来说还是挺新鲜挺猎奇的。胡缠曾在一篇文章中写到：“这样下雪的冬夜，应该泡露天温泉。池子四周是积雪，人坐在温水里，慢慢饮冰过的葡萄酒，抬头能望得见亮的星，暗的云。而且须是裸泡，还是集体的。”就像春天应该有花有草有诗，冬天应该就要有雪有温泉池子，人们在冬天对温暖的追求从不停息，虽然未必能在四周积雪的池子里裸泡，但商人总是能为顾客提供各种新奇的刺激，“鱼疗”就是在这样的温泉文化中渐渐兴盛起来的。

温泉鱼疗最先兴起于土耳其。使用的小鱼一般是淡红墨头鱼（*Garra Rufa*）和大口小鲤（*Cyprinion Macrostomus*）[1]，其中又以淡红墨头鱼为主。它们主要出产于中东的北部和中部河流流域，因为过度的商业出口行为，这种小鱼目前已经受到当地法律的保护并限制出口。

淡红墨头鱼的食性很广，跨越了咸、淡水的藻类（特别是绿藻和硅藻）、原生动物、轮虫、小型甲壳类，有时甚至包括昆虫的幼虫，等等。这些小鱼遭遇食物短缺或受限时，会进食动物的皮屑，于是那些观察敏锐并富有想象力的人，开始试用它治疗银屑病。

银屑病是一种慢性、反复发作、以表皮细胞过度增殖为特点的皮肤病，其病因和发病机制至今仍不是十分清楚。在它发病期间，会产生大量的皮损，典型的皮损是红色斑丘疹，表面覆盖银白色鳞屑，形如牛皮，因此又称为牛皮癣。这些处于发病期的病人，最受饥饿的淡红墨头鱼欢迎；而作为“鱼饲料供应者”的病人本身，也自我感觉疗效颇满意。商家嗅到这个能够发家致富的信息以后，就广泛宣传淡红墨头鱼的“神奇疗效”，从此，这种鱼便作为一种另类“医生”得到推广。事实上，通过文献检索，也偶有发现淡红墨头鱼对治疗银屑病有效的例子[2]，但报道不多，亦未见有关于其副作用或负面影响的文献。

鱼疗有传播疾病的风险吗？

随着鱼疗事业的兴盛，一些政府卫生部门开始意识到其中的潜在卫生问题。即使缺乏科学证据，美国的部分州和加拿大的部分省都对此疗法提出了禁令，依据包括如下三个方面：①鱼疗所使用的器械，包括盛载容器没有获得严格的消毒；②动物疗法在各种美容美发中心没有办法保证其安全性，应该被禁止；③淡红墨头鱼是因为饥饿才会啃噬人类的皮肤，这种疗法难免损害动物福利。《华尔街日报》曾调侃道[3]："美容法规定一般工具，应在每次使用后丢弃或消毒，但明显，每次丢弃这种小鱼成本太高。而解决方法是，用350℃高温对小鱼烘烤20分钟。"英国有近300家开展鱼疗服务的机构，甚至一些大型购物商场内也有美容机构开展鱼疗服务，相当红火。英国卫生防护局因此就鱼疗服务的情况对其环境健康和安全进行了一系列的评估，并将报告发表成相关的健康指南[4]。流言中提到的来自"英国专家"的报道，就是出自这个指南。

流言中提到的令人闻之色变的艾滋病和乙型肝炎是血液传播性疾病，它们是能通过人体的血液及其他体液传播的疾病，这样的疾病还包括丙型肝炎。其中，乙型肝炎的传播效率最高，同时，乙型肝炎病毒在环境中的耐受性最好，能在环境中存活的时间最长，是以上三种疾病中最易传播的。但需要指出的是，上述所指传播一般是日常生活中体液交流时的传播，并未包括在泳池和鱼疗池等这种特殊的情况下。

事实上，淡红墨头鱼没有牙齿，并且仅以死皮为食。英国卫生防护局相关的指南称，有少数未经证实的传闻提出，进行鱼疗的患者说曾经在鱼池中受伤流血，并可能是由淡红墨头鱼造成的。覆盖身体和足部的皮肤相对较厚，又因为淡红墨头鱼没有牙齿，故我们能够推断它造成皮肤开创性伤口的可能性很小。退一万步，我们假定这种小鱼真能造成创口，创口又真有体液渗出，这些体液在浴池中经过大量的池水稀释，病毒经过漫长旅程找到另一位具有伤口的宿主，并造成其感染，机会也相当微小。英国卫生防护局的报道里提到，温泉鱼疗传播艾滋病、乙肝的风险无法绝对排除，但它还提到，至今尚未有一例因此感染的案例被报道。

其实，从公共卫生的角度考虑，我们更应担心的是鱼疗潜在性的细菌和寄生虫感染风险。盛载小鱼的鱼池，水温一般和体温相近，小鱼在池中解决吃和排泄，若没有妥善处理，鱼池可能成为绝佳的病原体繁殖环境。英国卫生防护局的防护指南中根据感染概率及危害性能将所有病原体分成高、中、低 3 个级别。在鱼疗中，比较常见或高危感染主要包括海洋分枝杆菌造成的泳池肉芽肿（或称鱼缸肉芽肿），绿脓杆菌造成毛囊炎、湿疹等。防护局同时也指出了，这样的传播可能是通过淡红墨头鱼，亦可能是通过浴池地板的接触，或直接通过浴池水。

合理地干预和实施质量管理措施对于任何行业都有保障意义，上文提到的防护指南建议，通过以下 5 个方法可以保证鱼疗在较为安全的方式下进行：①化学消毒；②高密度 UV 紫外线灭菌；③过滤；④水温控制；⑤换水。另外，具体操作其实应该还包括进口可靠供应商的鱼苗，如在欧洲，就由统一的机构为所有鱼疗服务提供可靠的淡红墨头鱼鱼苗。用于治疗的小鱼应该在5～10厘米大小（1～1.5岁）。为确保小鱼不会过度饥饿导致人体损伤，还应保持一定的鱼饲料投放量。

另外，区别于国内常见的那种大池养育温泉小鱼的方式，国外那些较为正规的鱼疗服务，特设有治疗浴缸，每个浴缸容量约为1100升，使用时装约80%的温水，根据病人皮损的大小和严重程度，装入250～400条小鱼。治疗浴缸中的水应该得到专业的过滤和紫外线消毒，同时应保证含氧丰富以维持小鱼的生存。为确保水的清洁，每天置换的水量应该是浴缸水的3～4倍。另外，应配备温度控制的相应措施，上文提到的防护指南建议每天对鱼疗使用的水缸单独加温至70℃并保持一小时，这样对一些病原体有较好的灭活作用。平时使用时，可将水缸的水温保持在36℃～37℃。每个患者使用一个独立的浴缸，以免造成交叉感染。为确保不会有任何潜在的人畜共患病感染的风险，常见的可能造成感染的细菌应每周检测一次，例如军团菌、绿脓杆菌、嗜水气单胞菌、温和气单胞菌、豚鼠气单胞菌、海洋分枝杆菌和海鱼分枝杆菌等[2]。

结论：温泉鱼疗传播乙肝、艾滋病这样的血液传播性疾病可能性微乎其微。但这并不是说它100%安全。相反，若消毒工作没有做好，这种所谓的治疗有传播某些皮肤病的风险。鉴于国内缺乏相关的标准和行业守则，以及动物福利上的考量，我们并不建议您去体验这种难说有效的疗法。

参考资料：

[1]Wikipedia. Doctor Fish.

[2]Grassberger M，Hoch W. Ichthyotherapy as Alternative Treatment for Patients with Psoriasis：A Pilot Study. Evid Based Complement Alternat Med，2006.

[3]Ban on Feet-Nibbling Fish Leaves Nail Salons on the Hook.

[4]Guidance on the Management of the Public Health Risks from Fish Pedicures.

烫伤后敷面粉？小心火上浇油

和谐大巴

流言：一次我不小心把手碰到了沸水，一位越南朋友恰巧来到我家，即刻拿出一袋面粉，让我把手放在面粉里10分钟后拿出来，结果手上居然没有灼伤的红印或者水疱！现在，我总会在冰箱放一袋子面粉，每次不小心灼伤自己，我就用面粉敷，没有一次是有红印或水疱的。注意：冷面粉比常温面粉效果更佳！

真相

要分析烫伤后敷面粉有没有用，得先知道烫伤的红肿和水疱是怎样产生的。

烫伤和烧伤一样，其本质都是高温对组织造成了损伤。真皮内毛细血管壁因为受热损伤而扩张，通透性增加，血浆渗出到血管外，导致局部皮肤出现红斑和水肿。如果毛细血管壁受损严重，渗出液体过多，这些液体就会积聚在表皮和真皮之间形成水疱。

重要的是降温

组织受损的深度决定了烫伤的临床表现是红斑、水疱还是皮肤坏死，留下永久性瘢痕，而这种损伤的广度和深度则取决于热源的温度、热能大小以及作用时间。

烫伤后如果不立即移去热源、降低烫伤局部的皮肤温度，热能就会在皮肤中传播扩散，使本来表浅的损伤加深，导致本不该形成水疱的形成水疱，不该留下瘢痕的留下瘢痕。所以，迅速降温是烫伤急救的第一任务（这大概也是“冷面粉效果更好”的原因），但这时找冷水冲淋显然比去找冷面粉更方便快捷，在降温方面也更有效[1]。

敷面粉有风险

对于烫伤，敷面粉不但在消除热源（降温）方面没什么特别作用，对创面愈合也没有帮助，甚至可能带来伤口感染的风险，加重损伤而导致遗留瘢痕。

如果烫伤部位的皮肤受损，其屏障能力就会下降，更容易受细菌感染，而创面感染又是影响创面愈合的负面因素，因此千方百计防止创面感染也是烫伤部位治疗的重要任务。面粉本身就不是无菌的，长期贮存的面粉容易受到各种细菌、霉菌、螨虫的污染。用这样的面粉敷在脆弱的创面上，无疑会增加创面感染的机会。

其次，如果烫伤较重需要就医，粘在伤口上的面粉会影响医生对伤情的判断。固着在伤口上的面粉也会使清洗困难，清洗过程的艰难会增加伤者的痛苦。因此，烫伤之后不要再去厨房寻找油盐酱醋这些作料了，面粉、牙膏这些东西也别碰。

意外烫伤怎么办？

如前所述，烫伤之后应当争分夺秒地降低烫伤部位的温度，最简单的方法就是就近寻找冷水、冰块，迅速、有效地降低局部皮肤温度，让热能不要再向深处穿透，同时也使毛细血管收缩，减少水疱的发生。冷水持续冲淋数分钟是比较推荐的方法（注意：不要使用水大力地冲，以免造成皮肤的破溃，增大恢复的难度。只要冷水流过烫伤的表面，能起到降温作用就可以了），这样既降低了局部皮肤温度，又起到一定的清洁作用。面积较小的创面可以浸泡在冷水或冰水中来降温。

如果烫伤部位有衣物覆盖，要先尽快除去湿热的衣物，如果衣物不好揭下，可以剪开它们再移除，以保护创面的皮肤，减轻伤者的痛苦。这些处理的要诀在于快，而非把烫伤部位的温度降得有多低。在完成上述急救措施之后，评估烫伤的深度，根据伤情采取相应的治疗措施。

如果皮肤表面仅为红肿，有烧灼感，而无水疱，为Ⅰ度烫伤，无需特殊处理，3～7天自然愈合。创面皮肤在愈合后，可能会在数周内有短暂的色素沉着（“发黑”）现象，但之后多会逐渐消失，最终不会留下瘢痕。

如烫伤局部红肿明显，有水疱形成，则为Ⅱ度烫伤。如果水疱面积较小，可等它自己吸收消失。尽量避免碰破水疱，以防感染。为防止创面细菌感染，可以在医生指导下外用磺胺嘧啶银乳膏或百多邦等局部抗菌药物。也有研究认为含有纳米银的敷料对伤口愈合有帮助[2]。如果水疱面积较大，或者水疱破溃，或者有创面皮肤感觉减退等严重情况，应及时就医，避免自行处置不当带来不良后果。

结论：流言粉碎。烫伤之后的最佳处理方法是冷水冲淋降温（注意不要造成烫伤部位的皮损），同时预防伤口感染。不要自行涂抹油盐酱醋面粉牙膏这些东西，没有任何帮助，反而可能造成伤口感染，加重损伤而导致遗留瘢痕。大面积的、严重的烫伤请在紧急降温后及时就医，避免自行处置不当带来不良后果。[3]

参考资料：

[1]Beers，M H 主编，薛纯良主译. 默克诊疗手册：第17版. 人民卫生出版社，2006.

[2]吴在德，吴肇汉. 外科学. 人民卫生出版社，2011.

[3]Gravante G，et al. Nanocrystalline Silver：a Systematic Review of Randomized Trials Conducted on Burned Patients and an Evidence-based Assessment of Potential Advantages over Older Silver Formulations. Ann Plast Surg，2009.

过度上网会导致脑萎缩吗？

charibe

流言：“过度上网可能导致青少年脑部出现变异，令大脑皮层中负责处理情绪、语言、视觉、听觉等功能的灰质萎缩，而且上瘾时间越长，灰质萎缩得越严重，对注意力、记忆力、决策力、制定目标等能力的影响也会更强。青少年每天上网时间最好不超过两小时。”

真相

这条流言脱胎于此前活跃于各大网站的“过度上网导致脑萎缩”的报道[1]。这些报道都来源于一篇发表在2011年7月份PLOS ONE（Public Library of Science，即公共科学图书馆的系列期刊之一）上的论文，里面用影像学的方法研究了18名网络成瘾的大学生的脑部结构，发现在某些脑区（如背外侧前额叶皮层DLPFC、辅助运动区SMA、眶额皮质OFC等），这些网瘾同学的灰质体积小于同龄正常对照者[2]，即报道中提到的“脑萎缩”，而且网络成瘾时间越长，这种萎缩就越明显。

暂且不提研究样本容量太小以及是否遵循随机抽样的原

则等问题，此项研究在经过严谨的统计分析后，研究对象与对照组之间确实存在具有统计学意义的差异，即“脑萎缩”与网络成瘾确实存在某种关联，但这并不等于报道所说的“过度上网导致脑萎缩”。

网络成瘾 ≠ 过度上网

论文的研究对象是网络成瘾的青少年，所谓“网络成瘾”，是指无成瘾物质作用下的上网行为冲动失控，表现为过度使用互联网而造成个体明显心理和社会功能损害[3]。判断是否“网络成瘾”，目前较为简洁且权威的是杨氏网瘾调查问卷（Young’s Diagnostic Questionnaire for Internet Addiction，YDQ）诊断量表：

（1）是否着迷于互联网？

（2）为了达到满意，是否感觉需要延长上网时间？

（3）是否经常不能控制自己上网、停止使用互联网？

（4）停止使用互联网时，是否感觉烦躁不安？

（5）每次上网的时间是否比预计的要长？

（6）你的人际关系、工作、教育或职业机会是否因互联网而受到影响？

（7）是否对家庭成员、医生或其他人隐瞒你对互联网的着迷程度？

（8）是否把互联网当成一种逃避问题或释放焦虑不安情绪的方式？

符合其中 5 条才可诊断为“网络成瘾”。这就是说，除了上网时间要长外，还必须像烟瘾酒瘾那样，无法控制自己的上网行为，并对上网产生一种依赖心理。这与普通的长时间使用网络但对上网行为有自控能力的“过度上网”是不同的。在论文中，“网瘾大学生”平均每天上网的时间达到了 10.2 小时，一般人很难达到这个水平。

大脑萎缩与网络成瘾，哪个在先？

研究确实发现网络成瘾的青少年大脑中某些脑区灰质体积减小，但这只是一个断面研究，并没有对这些研究对象进行自身前后对比，而且有网瘾者其心理行为本来就与正常人存在差异，这种差异会不会是因为其神经系统的发育本身存在一定的缺陷所导致的呢？[4]

这就绕到了一个很俗套的逻辑问题上：到底是网络成瘾导致了大脑灰质体积缩小，还是灰质体积缩小导致了网络成瘾的异常行为？抑或是网络成瘾者，由于本身存在某些神经系统发育缺陷，导致其在长时间上网后，比正常人更容易出现脑萎缩？

虽然论文中提到，网络成瘾时间越长，脑萎缩现象越严重，似乎暗示是网络成瘾导致了脑萎缩，但这条线索并不具有足够的说服力。即便有足够长的时间去做一些跟踪研究，可以在“网瘾少年”沉迷于网络前记录下他们的脑部结构，再与现在对比，也不能证明让脑萎缩的就是长时间地沉迷网络。

祸首可能并非网络，而是“成瘾”

网络成瘾者，上网时间自然很长了，于是人们很容易把过度上网当成导致脑萎缩的原因，却忽视了“网络成瘾”的另外两个字——“成瘾”。

网络成瘾者除了上网时间明显延长外，与正常人还有另外一个显著差异，那就是自控力减弱，而论文中提到的萎缩的脑区皆与自控力密切相关[5]。而许多研究发现，药物成瘾者的脑中也有相似脑区的结构改变[5][6][7]。虽然是否是成瘾行为本身导致了大脑结构的改变，尚无研究定论，但相应地，脑萎缩到底是由于长时间上网所致还是成瘾行为本身所致，也有待进一步研究。

结论：说了这么多，其实最关键的是，PLOS ONE 上的原文是针对网络成瘾的人群的，旨在研究网瘾形成的机制及其对青少年的危害，能否将结论推广到正常人身上尚无足够证据。不过，各位网友还是应该养成良好的网络使用习惯，长时间使用电脑可能会导致计算机视觉综合征。

参考资料：

[1]联合早报网. 中美专家：过度上网脑部萎缩警告网瘾危害青少年. 2011.

[2]Kai Yuan, Wei Qin, Guihong Wang, Fang Zeng, et al. Microstructure Abnormalities in Adolescents with Internet Addiction Disorder. PLOSONE, 2011.

[3]刘新民. 变态心理学. 中国医药科技出版社，2005.

[4]Beard K, Wolf E. Modification in the Proposed Diagnostic Criteria for Internet Addiction. CyberPsychology & Behavior, 2001.

[5]Wilson S, Sayette M, Fiez J. Prefrontal Responses to Drug Cues: a Neurocognitive Analysis. Nature Neuroscience, 2004.

[6]蒋少艾，王绪轶，郝伟. 海洛因成瘾者脑灰质密度的对照研究. 国药物依赖性杂志，2006.

[7]Li C S, Sinha R. Inhibitory Control and Emotional Stress Regulation: Neuroimaging Evidence for Frontal-limbic Dysfunction in Psycho-stimulant Addiction. Neuroscience & Biobehavioral Reviews, 2008.

睡得越多，死得越快吗？

冷月如霜

流言：每天仅睡六七个小时的人，比每天睡超过 8 小时，或少于 4 小时的人死亡率要低很多。睡得过多和吃得过饱都是一个道理，吃得八分饱，也许才是最健康的。因此，即使到点之后还觉得困，你也应该说服自己别再赖在床上了。

真相

人的一生有很大一部分时间在睡眠中度过。熬夜加班缺乏睡眠让人精神不振，不少人都深有体会，但要说“每天睡超过 8 小时死亡率反而高”，可能不少人都会觉得不可思议。不过，美国癌症研究协会领导的一项大型研究确实发现在长达 6 年的追踪时间内，每晚睡 8 个小时的人竟比每晚睡 7 个小时的人有着更高的死亡率。

这项名为“第二期癌症预防研究”（Cancer Prevention Research II）的研究目的在于搞清不同的环境因素和生活习性在癌症发病上起的作用，因此饮食、烟酒史、家族患病情况等信息都会被一一记录下来，而睡眠时间正是其中的参数之一。

该研究是一项大样本调查，总共收集了 116 万人的数据，受试者中最年轻的有 30 岁，最年长的有 102 岁。在调查问卷中，受试者需要如实填写自己每晚的平均睡眠时间，并在四舍五入近似到小时后录入数据库。6 年之后，调查人员对这些受试者进行了回访，统计出了健在者和死亡者的名单，以此来计算每一个具有不同睡眠时长的群体的死亡率。最后的结果我们已经在开头提到了——在排除了其他环境因素、生活习惯和健康状况的影响后，平均每晚睡眠 7 个小时的人有着最低的死亡率，其次则是每晚睡 6 个小时的人，而每晚睡眠 8 个小时的人，死亡率竟要比每晚睡 7 个小时的人高出 12%。[1]

除了睡眠时间长短，失眠是否对健康有影响也是容易勾起人们兴趣的话题。这项研究通过调查每名受试者在过去一个月中失眠的次数，对失眠与健康的关系也做了研究。令人感到惊讶的是，失眠对死亡率只有很小的影响，失眠次数的多寡（从不失眠到每月失眠 10 次以上）也与相应群体的死亡率无关。然而在失眠频度相同的情况下，长期使用安眠药助眠会使每天睡眠 7～10 小时的群体的死亡率明显上升。

如果说“长期使用安眠药会影响人的健康”尚且好理解，那么“每天睡眠 7 小时而不是 8 小时才对健康有益”以及“失眠对人体的健康无害”这两个观点无疑颠覆了很多朋友的三观。对于这项研究的解读真能证实这两个结论吗？该论文的第一作者，来自加州大学圣迭戈分校的丹尼尔·F·克里普克（Daniel F. Kripke）教授对此的评价很是谨慎。

关于第一点，虽然睡眠时长和受试者 6 年内的死亡率呈现出极强的相关性，但之间的因果关系尚未得到证明。仅依靠目前已知的知识仍然无法确认究竟是睡眠时长导致了死亡率的不同，还是由于某些短期内致死率高的隐疾影响了人体的睡眠时长。无论是哪一种可能，其中的机理都有待阐明。关于第二点，很多时候的所谓“失眠”并不是真正的缺乏睡眠。仔细算来，许多受试者的睡眠时间依旧在正常人的睡眠范围之内。此外，研究仅仅考虑了失眠频度对短期死亡率的影响，诸如犯困、情绪沮丧或注意力不集中等问题并没有在这项研究中得到重视。在对“失眠”做出明确的定义，并检视失眠对人体的其他影响之前，断言失眠对人体的健康无害显然为时过早[2]。

结论：因为最近几周压力大没睡好而担心自己的健康？没有必要，而长期服用安眠药助眠可能更是得不偿失。虽然在阐明睡眠和健康之间的作用机理之前把每天的闹钟拨快一个小时并不是什么明智的做法，但这项研究至少告诉我们，或许人类并不需要那么多的睡眠。

参考资料：

[1]Kripke，et al. Mortality Associated with Sleep Duration and Insomnia. Arch Gen Psychiatry，2002.

[2]Buysse D J，Ganquli M. Can Sleep be Bad for You? Can Insomnia be Good? Arch Gen Psychiatry，2002.

“急救妙法”可不妙

和谐大巴

流言： 半身不遂征兆出现时，取缝衣针刺破双耳下垂各挤出一滴血，救急。心脏病猝发，用缝衣针刺破十个脚趾尖各挤出一滴血，病人即清醒。哮喘、急性喉炎病人出不来气憋得脸红，用缝衣针刺破鼻尖挤出两滴黑血即愈。抽羊角风，用缝衣针刺破人中穴挤出一滴血，即可。[1]

真相

针刺疗法是一种古老的治疗手段，在 2000 年前成书的《黄帝内经》中就多次提到通过刺血的方法治疗疾病。《素问·调经论》中提到：“刺留血奈何，歧伯曰：视其血络，刺出其血，无令恶血得入于经，以成其疾。”国外也有过放血治疗的时代，但随着医学的发展，放血疗法被发现不但起不到人们所期待的效果，反而是一种有害的行为，因此早已被现代医学所淘汰。虽然中国传统医学的刺血疗法远比西方的放血疗法使人失血要少，但对于流言中所说的几种疾病，刺血对于急救而言恐怕是无济于事的。从解剖学理论上来说，刺血这个过程仅仅是刺破皮肤的毛细血管，挤出其中的一滴血，因此不管刺什么部位，都不会产生所谓的急救效果，而更像是一种隔靴搔痒的巫术仪式。在急重症治疗方法已十分发达的今天，刺血疗法更可能会因为耽误宝贵的急救时间而给病人带来无法挽回的损失，那是不可取的。

针刺疗法不可取，那遇到疾病突发的状况，我们该怎么办呢?

寻求专业医疗救助，辅助心肺复苏

由于很多急症需要尽快到达医院进行特定的专科治疗，因此当意外发生时，尽快转运患者到具有专业医疗条件的机构是首先应当争取做到的。如果此时因各种原因患者心跳已经停止，那么周围的人应当立即给予心肺复苏（CPR）救助。因为心跳停止意味着全身器官无法得到血液供应，而脑组织对缺血缺氧十分敏感（脑组织供血中断后5分钟即可出现不可逆损伤）[1]。因此这一步的救助在很大程度上决定了患者能否“复活”，以及复活后生活质量如何（如果脑死亡，那么即使救活，也将变成“一株植物”）。

心肺复苏的操作可以概括为3个英文字母：ABC，指Airway（开放气道）、Breathing（人工呼吸）、Chest compressions（胸外按压）。不过，在2010年美国心脏协会的CPR指南中，专家们认为胸外按压对院外抢救的意义比人工呼吸要大得多，所以目前的CPR步骤已经调整成了CAB，把胸外按压放在第一位[2]。

突然出现半身不遂该怎么办？

“半身不遂”其实是脑卒中的表现之一。脑卒中，俗称“中风”，是指各种原因（多为动脉硬化）导致的脑组织失去正常血液供应，从而出现的脑功能缺损。由于脑卒中多为大脑里某一支血管出了问题（称为“责任血管”），往往造成局灶性的脑功能缺损，因此一般不会出现呼吸心跳骤停，CPR 在这通常没有用武之地。又因为脑卒中的病因可能为脑梗死（缺血）、脑出血和蛛网膜下腔出血，针对这些原因进行的治疗有可能是完全不同甚至相反的，因此并不建议在院外进行救治，而应当尽可能在数分钟内赶到有条件进行脑 CT 的医院，在 CT 检查排除出血后，尽快通过介入或者溶栓的方法打通堵塞的血管，恢复梗死部位的血液供应。

对脑卒中的治疗，迅速是关键。通常认为在发病 6 小时内打通堵塞的血管可以获得治疗效果，而 6 小时后再打通血管则会造成脑组织再灌注损伤，加重病情[1]。因此，千万要争分夺秒啊，时间就是脑细胞！

胸痛患者如何急救？

“心脏病猝发”多指心绞痛发作或心肌梗死，也是由于给心脏供血的冠状动脉狭窄、痉挛或者闭塞导致心肌缺血所致。少部分严重的心肌梗死，可能并发心脏骤停或者心源性休克，需要进行 CPR 救助。对于已确诊的冠心病患者来说，急性胸痛时应首先拨打急救电话，与此同时舌下含服硝酸甘油片或者舌下喷射硝酸甘油气雾剂，在没有溃疡病等禁忌的情况下可以嚼服阿斯匹林 300 毫克。

心肌梗死的治疗也是越快越好，发病后 12 小时内通过介入或者溶栓治疗可以起到治疗效果[3]，如果超过这一时间再治疗，会造成心肌再灌注损伤。所以，还是要争分夺秒啊，时间就是心肌！

突发呼吸困难患者如何急救?

流言中提到的哮喘急性发作是常见的导致突发呼吸困难的原因之一。哮喘发作主要是由于处于慢性炎症状态的小气道发生痉挛所致。重度急性发作时会有说话困难、端坐呼吸、精神烦躁等症状，应尽快就医进行药物治疗[3]。如果急性发作已经导致心跳骤停，应当立即进行 CPR 救助。

急性喉炎目前已经不多见，而异物吸入是更为常见的导致大气道梗阻的原因。患者双手卡喉是窒息的标志之一，其他表现还有无法说话、面色青紫等。如果气道完全梗阻，在患者有意识的情况下，应立即采用海姆立克手法（Heimlich Maneuver）：站在患者身后，双手握拳，置于患者胸骨剑突下方，向后向上用力，直至异物咳出。如患者意识丧失，应立即拨打急救电话，同时检查呼吸、心跳。如呼吸、心跳停止，应该立即进行 CPR。CPR 操作中的胸外按压有可能会排出患者气道中的异物[4]。

“抽风”病人如何急救？

抽风多为癫痫大发作的症状。癫痫是脑部神经元高度同步化异常放电的结果，其原因可能是脑部的结构损伤，也有部分癫痫病因不明，可能与遗传相关。因此癫痫大发作时也没有什么特殊的急救措施，保护患者不会因为抽搐而发生意外损伤即可。通常抽搐的发作时间不超过2分钟，之后可自行恢复[1]，如果癫痫发作持续10分钟以上，就不是普通的癫痫发作了，临床上称为“癫痫持续状态”，需要尽快就医，通过静脉用药终止发作。

在抽搐患者的保护方面，抽搐发作时应立即上前扶住病人，尽量让其慢慢倒下，以免跌伤。不要试图去防止舌头被咬伤，因为这样反而可能损伤牙齿。最好将病人颈部的衣着松开，在其头下放一个枕头，并让病人保持侧卧位，以防止分泌物等被误吸入气管[5]。

结论：流言粉碎。在紧急情况发生时，及时呼救和拨打急救电话是第一要务。在等待急救车到来时，应检查患者的意识情况及呼吸、心跳。如果呼吸心跳停止，立即进行CPR，这是最重要的急救方法。针刺急救不可取！切勿因此耽误了宝贵的治疗时间。

参考资料：

[1]贾建平. 神经病学. 人民卫生出版社，2008.

[2]2010 American Heart Association Guidelines for Cardiopulmonary Resuscitation and Emergency Cardiovascular Care.

[3]陆再英，钟南山. 内科学. 人民卫生出版社，2008.

[4]Choking：First aid. Mayo Clinic.

[5]Beers M H 主编，薛纯良主译. 默克诊疗手册（第 17 版）. 人民卫生出版社，2006.

吸氧助考有用吗？

大仑丁

流言：高考临近，全国近千万考生投入到了积极紧张的备考当中。不少考生家长出于望子成龙的心理，寻找各式各样的“偏方秘籍”给考生滋补养生，大有不考知识考后勤的架势。在铺天盖地的各式方法之中，有一种听起来似乎有点道理，那就是吸氧。据说考生们一边学习，一边吸氧，能够让大脑运转更快，精神更好，思维更敏捷，达到事半功倍的效果。

真相

说到吸氧，不得不先说说大脑的供能系统。脑细胞的能量供应形式有些特殊，它们仅能利用葡萄糖作为供能物质。葡萄糖在有氧环境中进行代谢，产生大量 ATP（三磷酸腺苷，是人体内最直接的能源物质。一般来说，其他形式的能量都必须转移到 ATP 里才能被细胞利用），供给大脑使用。以现代人的饮食习惯和结构来看，葡萄糖的供给应该是足够的，那么只要有足够的氧气，大脑的供能就不会不足，这大概就是考生家长拉着考生去吸氧的“理论基础”吧。从这一点上来看，补足氧气的确是无可厚非，但问题在于，考生真的需要那么多氧气吗？他们凭借自己的呼吸摄取不到足够的氧气吗？

正常的呼吸

在正常的呼吸过程中，空气通过气管、支气管层层深入，最终来到肺泡，与肺泡周围血管中的血液（含氧量低）进行交换，其中空气中的氧气弥散到血液中，与血红蛋白结合；而血液中的二氧化碳则弥散至肺泡当中，在接下来的呼气过程中排出体外。

一般情况下，如果空气中的氧气含量足够、肺部的通气没有什么障碍，肺泡没有因为纤维化或者炎症丧失气体交换的功能，肺部血管也没有栓塞等问题的话，仅仅依靠空气中的氧气就完全可以提供人体活动所需要的所有能量。由于大脑在人体器官中的重要地位，即使出现供氧不足，机体也会通过收缩四肢末梢血管的方式，优先供给大脑和内脏器官的血液。所以，只要考生身体健康，空气中的氧气又不过分稀薄的话，正常的呼吸过程完全可以给大脑提供足够的氧气。

谁需要吸氧

真正需要吸氧的人，大多出现在医院里，或者是在家中静养的慢性病患者。他们由于疾病、创伤等原因，出现了血中氧气含量不足的情况。常见的是肺部疾病的患者。这些患者由于肺部炎症渗出、肺纤维化、肺栓塞等原因，肺部不能进行有效的氧合——换言之，就是进入肺部的氧气不能完全进入到血液中去。这时候，通过吸氧增加吸入气体内的氧气含量，使更多的氧气进入血液当中，以防发生由于缺氧所导致的慢性脏器功能衰竭、心梗脑梗等问题。对一些受到重大外伤或手术术后的患者来讲，由于机体处于应激状态，耗氧量陡增，吸氧也可以防止组织器官供氧不足。

然而，对于一个正在备考的高考考生来讲，如果并没有肺部疾病，也没有贫血或者受伤、手术术后等问题，自身呼吸所获得的氧气是足够给全身供能的，多吸入的氧气不仅无用，还有可能对身体造成伤害。

多氧多伤身

作为一个健康的人，多吸氧不仅无用，而且还伤身。如果抽血进行对比的话，同一个人在吸氧时血中的氧气含量会比正常呼吸时高出很多。这些多出来的氧并不会乖乖地待在血红蛋白周围，而是会跑出来搞点破坏，造成所谓的“氧中毒”。很多接受高浓度高压氧治疗的人，会在很快的时间内出现类似肺炎的表现，这就是过多的氧气对肺泡造成了损伤所致。还有一些人，在大量吸入氧气后，出现了过度兴奋，继而陷入昏迷，最终死亡，这则是氧气对大脑造成了损害。更加可怕的是，婴儿暖箱里的富氧环境，甚至可以导致新生儿视网膜损伤，造成视力损害甚至失明。这些损伤虽然机制仍不是非常明确，但氧自由基的氧化损伤、氧气本身的毒性等都可能是导致氧中毒的罪魁祸首。

对于吸氧气瓶的考生而言，虽然没有暖箱或者高压氧舱那样的富氧环境，但长期的富氧状态，也有造成组织器官损伤的可能。为了不实际的愿望吸氧反而伤了身体，就得不偿失了。

结论：那些为了让孩子鲤鱼跳龙门的家长，尽管心思是好的，但是强加给考生的氧气，则没什么用处，甚至还会损伤考生的身体。相比多余的氧气，也许言语上的关怀，学习上的帮助和美味营养的饮食更有作用吧！

秋裤能让人失去抗寒能力？

Ent

流言：“假如一个国家穿了60年秋裤，就再也没可能脱下它了。”——1953年，苏联遗传学家李森科对斯大林说这句话的时候，数以亿计的秋裤没有经过任何论证，正源源不断地在中国强制推广。可悲的是，穿秋裤并非诞生于中国漫长的封建时期，而是诞生于新中国建立后，诞生于对“苏联老大哥”的盲信与言听计从中。放眼全世界，只有两个国家的人民穿着秋裤：中国和朝鲜……给人穿上保暖的衬裤，人双腿和关节的抗寒性就会在几代之后丧失，变得完全无法在高纬度地区活动。李森科期望秋裤导致中国人失去在苏联远东地区生存的遗传基础，并带来体质弱化等一系列副作用，削弱中国的软实力，从而巩固苏联在远东地区的永久占领。

真相

坦率地说，这个一望即知是“钓鱼帖子”还能经久不息的流言，的确有些出人意料。别的暂且不论，秋裤作为一种保暖衣物和别的衣服有什么区别吗？如果穿上秋裤真的有损抗寒能力，那秋衣、毛裤、羽绒服、帽子、手套、棉靴难不成也都是阴谋？还有热炕、暖气和空调呢？

秋裤的起源

如果我们把秋裤定义为“长腿的、穿在外裤里面的衣物”，那么可以肯定的是，秋裤绝对不是50年代才发明的，也不是只有中国和朝鲜人在穿。事实上，穿两层裤子这种行为在西方大概可以追溯到公元8世纪，那时的欧洲人为了骑马的方便已经普遍抛弃了罗马式的袍子。服装史学家称那时在里面的裤子为“drawer”，外面的则称为“breech”。

不过今天的这种略带紧身、以保暖为目的的秋衣秋裤在英语里一般合称为“long underwear”或者“long johns”。这种样式的秋裤可能最早于17世纪在英国出现，到18世纪的时候成为流行的睡衣，后来也成了保暖用内衣。只需搜索一下“long underwear”这个词就可以看到大量穿秋裤的老外。

当下在欧美寒冷地区的人们穿着秋裤的比例较低的主要原因是良好的室内保暖条件以及“以车代步”的生活方式得以普及。

真能让人失去抗寒能力吗？

“秋裤阴谋论”的核心是穿着秋裤60年后，人就会失去抗寒能力，从而无法在寒冷地区生存。假定这个抗寒能力真的是一个合适的生理指标，那么穿衣服会影响到抗寒能力吗？这个影响真的能在60年就产生永久效果吗？

这事得从两百年前的拉马克说起。

用进废退与获得性遗传

虽然现在我们总是把用进废退归到拉马克头上去，但其实这有失公允，因为“越用越发达，越不用越退化”的想法至少可以追溯到亚里士多德，而在19世纪初，这几乎是“常识”了，甚至连达尔文都没有否认这一点。拉马克的学术研究不在于提出了用进废退，而是把它和获得性遗传结合起来，用来解释物种发生变化的原因，这个才是他的独创。

当然，现在我们知道他的观点是错误的了。首先，“越用越发达”这个说法只对某些特例成立。人类的肌肉和骨骼的确可以因为合理锻炼使用而变得强大，但不正确的使用也可以导致受伤甚至报废。接触某些病原体可以起到免疫的效果，但是除非是专门设计的疫苗，不然往往得不偿失。相当一部分其他器官则完全没有这回事，比如多数毒药长期接触不会产生耐受性，只能导致慢性中毒（但是砒霜很可能例外，此事下回另议）。事实上几乎所有器官的使用都伴随着损耗，只不过对于肌肉和免疫系统这些领域，人体生理采取了近似于“预备队”的机制，哪里出现需求就往哪里投入资源。但这些是特例，不能随便外推的。

其次，就算是那些可以“锻炼”的器官，也没有什么简单机制能让它传给后代。拉马克时代的人们对遗传的具体机制一无所知，只能想当然地觉得一个人的一切身体属性都会传给后代；但是后续的科学进展证明并非如此。先是孟德尔发现决定性状的因子是离散的，不是一团糨糊的连续体；然后魏斯曼提出了种质学说，指出生殖细胞和体细胞是分离的，后者就算发生改变也不会自动影响到前者；最后则是由克里克提出了分子生物学的中心法则，指出信息在绝大多数情况下只能由 DNA 向外传递，而不能反过来。

这些年我们对遗传学又有了新的理解——表观遗传学的发展。虽然 DNA 本身序列不能以获得性的方式改变，但针对 DNA 的修饰却可以。遗憾的是，大部分这样的遗传都是直接在细胞代际之间进行的，一个细胞获得修饰，它分裂产生的细胞也会带上这个修饰；但是体细胞发生了修饰要如何影响那些老死不相往来的生殖细胞呢？不影响生殖细胞又怎么影响后代呢？我们目前还没有发现这样的机制。

总而言之，在秋裤这个案例上，是不能指望获得性遗传的。

既然获得性遗传不成立，那李森科是怎么成为权威的呢？其实完全是瞎猫撞上死耗子，他推广的小麦春化技术确实提高了一些产量，但是这个技术本质上和获得性遗传完全无关，却被他拿来作为论据。而一旦他出名并成功地傍上了政治势力，接下来的事情就与学术无关了。

自然选择与人类文明

但是，保暖衣物还真的有可能影响人的抗寒能力，这就是通过自然选择。不过，走这条途径可是很麻烦的。

基本原理也简单：当天气足够冷、穿的衣服足够少的时候，人总是有冻死的。如果存在某个“抗冻基因”让人不容易冻死，那么每冻死一个人，“抗冻基因”所占的比例就在人群中多了一点儿，天长地久，也许经过成百上千年的积累，整体人群就都变得更抗冻了——好吧，这就是自然选择的基本原理。

可惜，要达成这个“美好”的前景并不那么容易。首先，不同的人之间真的存在抗寒能力的显著差异吗？这个差异真的是基因在起决定性的作用吗？其次，现实中天冷会冻死多少人呢？也许大部分人一觉得冷就迁徙到温暖的南方去了或者整天躲在屋里不出来，那样也无效。更何况，这个过程所花的时间实在太过漫长，假如一个没有“抗冻基因”的人有1%的概率在生孩子之前就被冻死，那么这个基因扩散到全部人群大概需要1000代，这对人类而言就是两万年。到那个时候人类文明还存不存在，都是未知数呢。

更要命的是，在这则流言中，“万恶”的苏联修正主义试图采用的办法是消极的：通过推广秋裤来阻断上面的自然选择过程。假定这个“抗冻基因”没有任何坏处，而秋裤又让它不能发挥好处，那只能等待它随机漂变，以及被突变破坏了。这两种方式都十分不靠谱：随机漂变顾名思义是完全随机的，越漂越多也完全有可能，而且总的来说人群越大漂得越慢；突变更是不能指望，人类碱基突变率大概是每代三千万分之一，那么每一代平均每个人在某个特定基因上发生突变的概率大概是万分之一左右，而且这个突变还不一定有效果。刚才1%的选择都要花两万年，现在这万分之一的突变真得等到沧海桑田了。为这么遥远的事情计算，这“万恶”的“苏修”也未免太高瞻远瞩了一点儿吧……

但我们不必讨论这些莫须有的可能性，因为同样的过程正真真切切地在我们生活中起作用。在文明之前的人类，死掉是一件轻而易举的事情，跑得稍慢一点儿就是死，力气偏小一点儿也是死，免疫力略差一点儿还是死。但现在我们有了分工，有了农业，有了卫生，有了医学，有了社会保障，这些要求都放宽了，结果是一个标准现代欧洲男性的肌肉比起标准女性尼安德特人的肌肉还要少10%。

这是人类在退化吗？我不这样认为。自然选择固然可以提升某些指标，但每一次选择都要以一些人死掉为代价。我们可以放弃现代文明，这样会有很多身体脆弱、免疫力低下、有先天缺陷的人死掉，但谁知道有多少聪明的人、敏锐的人、高尚的人、伟大的人呢？谁又能预言未来跑得快的人一定更适应世界，画画儿好的人就一定不适应呢？自然选择最大的缺点就在于不能预料未来的环境，一旦环境剧变就抓瞎；而人类文明虽然减弱了自然选择的效果，却大大提升了多样性。某种意义上，掌握着文明多样化的人类才是适应力最强的物种，而用石器时代的“好”标准来要求现代人类，未免太过狭隘、太过短视了。

回过头来，想想保暖衣物在现实中的作用，你还会为此担心吗？

结论：秋裤对于人“抗寒能力”的影响，和其他保暖衣物并无区别。如果你在冬天很怕冷，还是穿上秋裤吧！

“修正液毒死小白鼠”能说明什么？

馒头老妖

流言：一则视频和相关的图文报道曾在网上广泛流传：将两只小白鼠，分别放在一个玻璃瓶里，其中一个瓶子里倒入修正液，很快那个瓶里的小白鼠就死亡了，而没有加修正液的小白鼠还活得好好的。很多人对此评价道：没想到修正液毒性这么大，千万不能给孩子用啊！

随后，又出现了这个试验的升级版本：某媒体分别用3种不同牌子的修正液做了类似试验，结果均是加了修正液的小白鼠在3分钟左右全部死亡。

真相

修正液里有什么成分？小白鼠为什么被毒死了？修正液毒死了小白鼠意味着修正液真的不能用了吗？

修正液里的成分主要可以分为两类，一类是固体的颜料钛白粉（也就是修正液使用后覆盖在纸上的白色部分），另一类是易挥发液体的溶剂，主要溶剂有：三氯乙烷、甲基环己烷、环己烷等。这些物质听上去也许很陌生，不过绝大多数在市场上销售的化学品，都会有一个商家提供的《化学品安全技术说明书》（MSDS），其中就详尽地介绍了这种物质的毒性和接触限值（即人类接触这种化学物品所允许的最高限量），网络搜索一下即可查到，下表即来源于这些网上公开的资料。（数值因国家、厂家不同而略有差异，但大体相当。）

几种溶剂的毒性对照表

溶剂种类	L，C 50（吸入）	人接触限值（中国）	人接触限值（美国）
乙醇（酒精）	2865mg/M^3/10h（小鼠） 37620mg/M^3/10h（大鼠）	N/A	1880mg/M^3（TLV-TWA）
二氯甲烷	88000mg/M^3/2h（大鼠）	N/A	175mg/M^3（TLV-TWA）
甲基环乙烷	41.5/M^3/2b（豚鼠）	N/A	2013mg/M^3（TLV-TWA）
1，1，1-三氯乙烷	97920mg/M^3/4h（大鼠）	N/A	1910mg/M^3（TLV-TN）
1，1，2-三氯乙烷	10920mg/M^3/4h（大鼠）	N/A	9590mg/M^3（TLV-TWA）
乙酸乙酯	5760mg/M^3/8b（大鼠）	300mg/M^3（MAC）	1440mg/M^3（TLV-TWA）
甲苯	20003mg/M^3/8h（小鼠）	100mg/M^3（MAC）	754mg/M^3（TLV-TWA）
对-二甲苯	19747mg/M^3/4h（大鼠）	300mg/M^3（MAC）	434mg/M^3（TLV-TWA）

其中 LC50 的意义为“半致死浓度”，是说“在这个浓度下，试验用的动物，有 50%的概率死亡”，其数值越小，则毒性越大。LC50 可以用来衡量一个物质的急性吸入毒性大小。

表格中的乙醇（酒精），是“修正液毒死小白鼠”实验中没有提到的溶剂（一般修正液中不含有乙醇，但乙醇是生活中人们比较容易接触的有机溶剂，碘酒、发胶、酒类饮料中都有），放在其中作为参考。可以看出，以 LC50 的标准衡量，对于小鼠（也就是这些试验中用到的小白鼠），酒精的吸入性毒性比该文章中提到的几种有机溶剂还要大得多；即便以大鼠（大鼠的体重是小鼠的十几倍）作为研究对象，其毒性依然是处于同一个数量级的。换句话说，对于小鼠而言，修正液中的这些挥发性物质的吸入毒性，与乙醇没有本质差别，有的甚至还比乙醇小得多。

为什么小白鼠会死？

简单地说，是高剂量。

从“修正液毒死小白鼠”试验的目标来看，或许将其归类为毒理学上的“经呼吸道染毒的急性毒理学试验”较为合理，即评价通过呼吸作用，吸入修正液挥发物质后是否会造成急性的损害结果。LC50 在此类试验中是一个具有可操作性、可供人们参考的建议性的数值。

我们可以大致算下烧杯中的有机溶剂剂量是多少：按报

道中介绍，14 克（一瓶）修正液中，含有 41%甲基环己烷（修正液中有机溶剂 LC50 值最大的物质，也就是急性吸入毒性最低的），即 5.74 克；因为不知道环境温度，假设甲基环己烷只来得及挥发了 1%（实际上，甲基环己烷挥发性较大，烧杯中含有的气态甲基环己烷还远不止 1%），按 500 毫升容积计算，烧杯中的甲基环己烷的浓度为 57.4 毫克每 500 毫升，即 114.8 克每立方米，是上表中给出的豚鼠（以豚鼠测出来的 LC50 值通常比小鼠的还要高出数倍到 10 倍之多）LC50 值（41.5 克每立方米）的 2.7 倍，小鼠不发生闪电式死亡才是怪事。

同时，对于试验动物的急毒试验，染毒的最大容积有个经验性的标准，吸入式染毒法通常不超过 2 毫克每升，而该试验的做法显然远远超过了这个量，完全超出了小鼠的吸收、代谢能力。可以这样理解：一只小白鼠，体重通常不会超过 30 克，5.74 克甲基环己烷如果全部挥发，则相当于其体重的 1/6；这相当于把人类关在一个 10 立方米的半封闭空间中，再倒入 15～20 千克甲基环己烷（即 36～48 千克修正液）。即便考虑到毒理学试验中“所用的剂量必须远大于人体接触剂量”的原则，这样的剂量也实在是太夸张了。

另外，从试验条件的角度来看，静态吸入式染毒时，至少要有 5 升的空间，才能让一只小鼠正常呼吸 1 小时，否则其中的氧气分压逐渐下降，会对试验结果造成影响（用玻璃板盖上留缝的方法并不可靠）。同时，必须有专门装置来盛放被测物质加以自然挥发。这两个报道中，尽管在烧杯底部铺了棉花，仍无法保证小鼠的皮肤不会直接接触到修正液，即存在经皮吸收被测物质染毒的可能性，这就失去了吸入式染毒实验的意义。

修正液还能用吗？

需要指出的是，LC50 值只是一个参考数值，远不如接触限值（表格中最右两栏）对于日常使用的指导有意义。理由很简单，因为物种差异，哪怕再精密可信的毒理学试验，也无法把在小鼠上得到的结果准确推演到人类身上去。比如，上表中列出的酒精的 LC50 值，小鼠和大鼠的数据都有区别，更不用说啮齿类与灵长目之间巨大的差异了。按照奥尔森等人在 1998 年对于 131 种化学物质的研究结果，动物毒性和人类毒性之间的相符率，啮齿类仅为 6%，非啮齿类（犬和猴）为 28%，加在一起也才 36%。

正常使用修正液的方法，吸入的有机溶剂是达不到接触限制的。一般而言，对于修正液中的有机溶剂，如果是长期的、频繁的小剂量接触，会导致皮肤红肿、皴裂，大剂量吸入则会导致急性中毒，产生肺水肿、呕吐等症状，但这需要的剂量是远远超过修正液中的含量的。何况在实际生活中，人类并非频繁地在密闭空间中接触修正液，有机溶剂浓度更低，其影响应该更小。

当然，为了最大限度地避免伤害，使用这些有机溶剂时，最关键的一条就是不要用手直接去接触它们，更不要刚涂上去就用鼻子去嗅闻。做到了这些，修正液也就没什么可怕的了。

结论：修正液中含有的有机溶剂有微弱的毒性，但在正确的使用情况下和常规接触的剂量下并没有那么可怕。儿童的耐受能力弱，可以避免不必要的接触。

参考资料：

[1]庄志雄，王心如，周宗灿. 毒理学试验方法与技术：第二版. 人民卫生出版社，2007.

被水母蜇了怎么办？浇尿止疼可不靠谱

linki

流言：关于被水母蜇到后的处理方法，民间流传最广的便是用尿液冲洗伤口，还有用清水冲洗，或者还没处理伤口就马上用冰块敷上。《老友记》第 4 季第 1 集中，莫妮卡在海边被水母蜇了，获得的建议就是往伤口上撒尿。

真相

在了解水母蜇伤的处理方法前，我们先要了解水母带来伤害的原理。很多人都见过水母，众多吃货对它们也不陌生。事实上，水母是多么迷人的生物啊，娇弱的身体和飘逸的触手，简直就是海洋里曼妙的舞者。被我们称为水母（Jellyfish）的动物通常属于以下几类[1]：

水螅纲　如僧帽水母，其又称“葡萄牙战舰”，属于水螅纲下面的管水母目，它表面上看像单一的水母，实际上却是水母体和水螅体组成的群落，而且个体之间联系紧密，不能独立生存。

钵水母纲　被认为是“真正的”水母，其生活史主要阶段是单体水母，水螅型不发达或消失。我们常见的大多数水母种类都属于钵水母纲，例如现存世界上体型最大的水母——越前水母。

立方水母纲 又称箱型水母，这一纲的种类中，最著名的当属澳大利亚箱形水母（Chironex Fleckeri）了，俗称“海黄蜂”。它被认为是最致命的水母，也是世界上毒性最强的生物之一，能在几分钟之内致人死亡。在威尔·史密斯主演的电影《七磅》中，海黄蜂扮演了终极杀手的角色。

珊瑚虫纲 即海葵和珊瑚，跟水母关系很近，但对人类只有很微弱的毒性。

当然，很多美丽的东西都是可远观不可亵玩的，许多水母也是如此。它们的触手上布满了刺细胞，刺细胞内是含有刺丝的刺丝囊。在碰到物体时，刺丝囊内的压力促使刺丝散开，刺细胞会如同飞镖一样弹出，并注入毒液。

水母蜇伤后怎么办？

当裸露的肢体碰到水母触手时，有时候会有数以千计的刺细胞附着到皮肤上，但并不是所有的刺细胞都会“发射”毒液[2]。刺细胞中的毒液如同化学物质的“鸡尾酒”，是水母麻痹和杀死猎物的终极武器。不过对人类来说，大部分水母的蜇伤并不致命，一般会造成疼痛和皮疹，严重时会发烧和肌肉痉挛。被水母蜇到的时候，首先不要乱动，并且要抑制住用手去触碰和摩擦蛰伤部位的冲动，这样只会让更多的刺细胞释放出刺丝和毒液。

不同种类的水母，刺痛和反应的程度也不一样。如果不幸遭遇到伊鲁坎吉水母（一种指甲盖大小的箱型水母，能引发严重的“伊鲁坎吉综合征”）或澳大利亚箱形水母，你就需要及时的医疗救助。箱型水母可以在几分钟内置人于死地，只有抗毒药物才能救命。

当然，即使是一般的水母蜇伤，如果伤口面积较大（超过手臂或大腿面积一半以上），或者是蜇到面部、生殖器等敏感部位，最好也是马上寻求紧急医疗救助。在其他情况中，要随时注意异常症状的出现，如呼吸困难、胸部疼痛、吞咽困难、声音改变、失去意识、咽喉肿痛、晕眩、心跳异常、突然无力、恶心、肌肉痉挛等。如果发生这些反应，应马上送医急救。

水母蜇伤后的自救

送不送医急救取决于水母蜇伤的严重程度、范围，以及水母的种类。那么，我们可以做些什么来自救呢？

（1）去除触手。首先，如果水母的触手依然挂在皮肤上，你可以试着将其弄下来，或者想办法使其失去活性——做这些的时候要保证伤者不要乱动。脱离母体的触手能够继续释放刺细胞，因此最好先把皮肤上的残余触手清除掉，再处理伤口，否则有可能在处理伤口的时候，触手受到挤压或刺激会将更多的刺细胞射出。

有条件的话，戴上手套来移除触手，或者使用厚的衣服、镊子、小木棍等，轻轻将水母触手从皮肤上分离。基本的原则是：不能用皮肤直接接触水母的触手，并最低限度减少触手在受伤者皮肤上的移动。此外，触手中的刺细胞也可能留在手套或是用来移除的物体上，因此弄完之后一定要记得将这些东西处理掉，以防止伤害到自己或其他人。

（2）一定要用海水冲洗。接下来用海水冲洗蜇伤的部位，以抑制皮肤上未发射的刺细胞的活性。一定要记住用淡水则有相反的效果。任何改变刺细胞内外溶液盐浓度平衡的举动，都可能刺激刺丝囊的射出，并释放更多的毒液，这可能是《老友记》中建议用尿液冲洗的原因——尿液中含有盐分和电解质。但大多数人的尿液盐度都比海水小不少，用盐度太低的尿液冲洗，会造成与用淡水清洗一样的后果。所以忘掉莫妮卡和钱德勒吧，相信他们的方法只能让情况变得更糟。

要抑制刺细胞的活性，用醋冲洗也是一个好方法。有条件的话，可以用醋或醋酸（推荐浓度为 5%[3]）冲洗伤口 30 秒以上，或者将蜇伤部位浸泡在醋中 30 分钟。醋的酸性可以中和刺细胞毒素中的某些蛋白质，抑制尚未弹出的刺细胞。当然，不同水母的毒素并不一样，因此醋也不是每次都能奏效。比如被僧帽水母蜇到，醋就派不上用场了，甚至可能使伤势恶化。这时候可以用小苏打和海水（至少是盐水，千万不能用淡水——或者尿）配成混合物，然后涂抹在蜇伤部位。如果没有小苏打，用海水冲洗也可以，但效果没有那么好。

如果不幸被蜇到的地方是眼睛的话，就不能用醋了，而要用如人工泪液之类的盐溶液彻底清洗眼睛。如果是口腔内被蜇到，可以将醋和水以 1∶3 的比例配成溶液，然后多次漱口，但千万别吞下去！

（3）刮掉刺细胞。有条件的话，还可以用小刀或者剃须刀、卡片之类的东西，温柔地分离掉皮肤上的刺细胞。在刮刺细胞之前用剃须泡或者肥皂泡沫进行涂抹效果会更好。刮掉刺细胞之后，重新用醋或盐水溶液涂抹，或者用海水冲洗。最后让蜇伤部位自然干燥，可以服用一些抗组织胺药物，如苯海拉明（Benadryl），或者涂抹氢化可的松乳膏，以减少瘙痒和肿胀感[4]。

后续的处理中，需要每天清洗开放的创口，并涂抹抗生素软膏以防止细菌感染。大多数水母蜇伤的疼痛感在处理之后 10 分钟内开始消退，24 小时内基本消除。一定要确保完全移除刺细胞。可以使用冰袋来止痛并抑制肿胀。

需要提醒的是，即使是已经死掉的水母，其触手也会射出刺细胞，因此不要随意玩弄被冲到海滩上的水母。

结论：在治疗上，清水和尿液都是不靠谱的，而就近可以获得的海水则有效得多。醋和小苏打都可以用来中和水母刺细胞的毒液，但要根据水母的种类，以及蛰伤的部位来选择处理的方法。当然，最关键的一点是，首先不让情况恶化，然后及时地寻求医疗救护。

参考资料：

[1]Medicinenet. Jellyfish Sting Treatment.
[2]How Jellyfish Work? Howstuffworks.
[3]Ciara Curtin. Fact or Fiction? Urinating on a Jellyfish Sting Is an Effective Treatment. Scientific American，2007.
[4]Today I Found Out. How to Treat a Jellyfish Sting.

作者简介

全春天：口腔医师，在职博士生

dodo兔：口腔专业博士

桃之：生态学硕士

firsilence：化学硕士

lalunasun：化学专业

张若剑：生态学硕士

林竹萧萧：外科学博士

Helixsun：生物工程硕士

绵羊c：细胞生物学硕士，现从事医药研发

老猫：分子生物学博士

溯鹰：构造地质学研究生

苏木七：肿瘤基因组学博士生

瑞可：化妆品研发工程师，真魅博客创始人

箫汲：神经胃肠病学博士生

Shiu：医学博士

JUNEO：医学博士生

snowjade：免疫学博士

窗敲雨：药学硕士

和谐大巴：临床医学博士生

薄三郎：医学博士

白鸟：环境科学博士

月月：食品科学硕士

copperpea：水质工程师

小耿：神经生物学硕士

Albert _ JIAO：电子工程专业博士生

沐右：物理学博士

政委祖尔阿巴：临床医学专业

念经的抖 s：皮肤美容科医生，医学硕士

冷月如霜：植物细胞生物学博士生

猫羯座：流行病学硕士生

_ whyCD：无机非金属材料工程专业

风飞雪：植物分子生物学博士生

冀连梅：北京和睦家康复医院药房主任

游识猷：遗传学硕士

charibe：临床医学博士生

cobblest：心理学博士生

冷月如霜：植物细胞生物学博士生

大仑丁：心脏内科医师

Ent：演化生物学博士生

馒头老妖：有机化学博士

linki：海洋生物学硕士

本书所有文章均为果壳网编辑和作者共同协商选题的特约稿，但少数几位作者因联系方式变更无法知会出版信息，还请见谅，望看到书后和果壳阅读联系。